Trends in Linguistics

State-of-the-Art Reports

edited by

W. Winter

University of Kiel, Germany

7

LE JUDÉO-ESPAGNOL

par

MARIUS SALA

Institut de Linguistique

Bucarest

1976

MOUTON

THE HAGUE · PARIS

ISBN 90 279 3445 2

Printed in The Netherlands

à Manuel Alvar

TABLE DES MATIÈRES

AVANT PROPOS

Ce livre, qui est une présentation des études consacrées au judéo-espagnol, offre à ceux qui s'intéressent à ce parler la possibilité de connaître les problèmes abordés jusqu'à présent. De même que les autres volumes de la série, celui-ci se propose également d'évaluer le stade actuel des recherches. Vu le but envisagé, la bibliographie est sélective et non pas exhaustive, bien qu'elle comprenne un grand nombre de titres; on y signale tous les travaux portant sur les parlers judéo-espagnols contemporains et ceux qui abordent des aspects plus anciens, considérés utiles pour la présentation de l'histoire et du stade actuel de la recherche. Nous y avons inclu des livres et des articles publiés dans les revues spécialisées (ainsi que les comptes rendus qui contiennent des informations supplémentaires ou des observations critiques) et, plus rarement, les travaux à caractère de vulgarisation. En règle générale nous n'avons pas inclu les publications rédigées en judéo-espagnol et imprimées en caractères hébreux (*aljamiado hebraico*).[1] À titre exceptionnel y figurent quelques ouvrages de cette catégorie, mentionnés couramment dans les bibliographies parues dans les publications occidentales. Pour ce qui est des contributions ayant trait à la période antérieure à l'expulsion des Juifs d'Espagne, nous n'avons pris en considération que celles où l'on trouve des références sur la situation des parlers judéo-espagnols actuels. Nous n'avons pas inclu dans la bibliographie les interventions aux discussions publiées dans les Actes des différents congrès ou colloques − même si ces interventions sont amples (cf. Hassán 1970b) − , car elles sont signalées indirectement par la communication qui les a suscitées.

Nous tenons à exprimer ici notre gratitude à nos collègues I.M. Hassán, de l'Institut "Arias Montano" de Madrid, S.G. Armistead, de l'Université de Pennsylvanie, et A. Kovačec, de l'Université de Zagreb, pour les informations particulièrement utiles qu'ils nous ont fournies au cours de l'élaboration de ce travail.

15 mai 1972   Marius Sala

---

1. Une bibliographie détaillée de ces publications est en cours de préparation à la Section d'études sefardies de l'Institut "Arias Montano" de Madrid, selon un système présenté dans *Sefarad* 30 (1970), 201-4. Nous avons eu d'ailleurs l'occasion de consulter très sommairement le riche fichier contenant les références bibliographiques (5000 fiches environ), qui fera l'objet d'une révision et d'une systématisation totales.

1

CONSIDÉRATIONS PRÉLIMINAIRES

1.0 GÉNÉRALITÉS

Avant de présenter la structure et l'histoire du judéo-espagnol nous analyserons brièvement les données extralinguistiques (histoire des communautés
sefardies, culture des Sefardim) nécessaires à la compréhension et à l'explication des faits qui seront présentés dans les sections suivantes du volume.

1.1 HISTOIRE DES COMMUNAUTÉS SEFARDIES

1.1.0 *Sources d'informations*

L'organisation et la structure des communautés sefardies, leur histoire et leur
situation actuelle ont été abordées dans des nombreux travaux, qui diffèrent
beaucoup par leur information, par la méthode utilisée et par leur valeur. Il y
en a beaucoup qui sont dûs à des amateurs cultivés, désireux de faire connaître des aspects des communautés au milieu desquelles ils ont vécu. Les
introductions des différentes études linguistiques comprennent elles aussi de
très utiles informations de nature historique et sociale.

1.1.1 *Ouvrages de synthèse*

Il n'existe pas d'œuvre de synthèse qui décrive la situation de toutes les communautés sefardies. On peut considérer comme travaux d'ensemble ceux
consacrés à l'exposition des données historiques et sociales, qui se réfèrent à
plusieurs communautés.

Franco (1897) est une histoire des Sefardim de l'Erapire ottoman jusqu'à
la fin du siècle dernier. Cet excellent travail a été précédé par un article du
même auteur (Franco 1893) qui portait sur une série de documents inconnus
du 19e siècle. Benardete (1953) s'adresse à un public plus large et comprend

beaucoup d'informations inédites sur l'histoire et la culture des communautés sefardies (notamment des États-Unis) obtenues à partir de sources qui n'avaient pas encore été utilisées jusqu'à cette date, de même que la narration de beaucoup d'événements auxquels l'auteur lui-même a participé. Parmi les problèmes abordés dans le livre de Benardete nous remarquons: l'établissement des Sefardim en Orient, leurs contacts avec l'Espagne, les causes de la déchéance de la culture et de la langue des Juifs espagnols. Sont également à remarquer la bibliographie très riche et les nombreuses notes. Pour l'histoire des communautés orientales cf. Rosanes (1934-38). Pulido y Fernández (1904, 1905; cf. Cirot 1907) comprennent beaucoup de données recueillies par l'auteur lui-même, un grand ami des Sefardim, dans de nombreuses villes d'Orient. Il existe également des informations utiles sur certains parlers judéo-espagnols, telles celles contenues dans une lettre d'A. Cappon sur la situation de Bucarest. Une œuvre de vulgarisation est Lacalle (1961).

1.1.2 *Travaux linguistiques comprenant des données extra linguistiques*

Plusieurs travaux linguistiques d'ensemble comprennent de nombreuses et intéressantes données historiques et sociales extraites des divers travaux à caractère historique. Deux livres s'imposent de ce point de vue: Wagner (1930a) et Renard (1967), comprenant des observations particulièrement pertinentes sur la situation économique et sociale des Sefardim depuis leur établissement dans l'Empire ottoman et dans d'autres régions jusqu'a nos jours (cf. *3.1.1*). Renard (1967) comprend certaines données qui sont utilisées pour la première fois dans les études linguistiques (les origines des communautés, la place occupée par les Sefardim dans l'administration de l'Empire ottoman, etc.). Les informations sur l'état actuel des communautés des diverses régions du monde sont également très utiles. La lecture de ce livre permet de connaître en grandes lignes l'histoire externe du judéo-espagnol.

Parmi les travaux linguistiques d'ensemble nous mentionnons les articles de Wagner (1909a, 1909b), d'excellentes présentations de la situation de l'Orient jusqu'à la première décennie de notre siècle, comprenant des données statistiques intéressantes, et l'introduction au Crews (1935), une synthèse brève, mais qui rend compte des faits extralinguistiques les plus importants. Des points de vue originaux sur la répartition géographique des Sefardim expulsés d'Espagne et sur les relations réciproques des communautés figurent dans Révah (1961a). Estrugo (1958a) comprend beaucoup d'informations historiques, dont quelques-unes inédites, ce qui fait que la partie consacrée à l'histoire soit mieux réalisée que le reste du livre (cf. Lida 1959).

1.1.3 *Articles consacrés aux problèmes historiques et sociaux de toutes les communautés sefardies*

Les problèmes historiques et sociaux concernant le judéo-espagnol envisagé dans son ensemble ont été abordés dans des articles moins amples: Loeb (1887) présente les phénomènes démographiques de la période de l'exode d'Espagne; Grunebaum (1893), I. Lévi (1890) et Reinach (1889) commentent les récits de certains voyageurs et géographes européens sur la vie des Sefardim des 16ᵉ et 17ᵉ siècles; Roth (1959) présente quelques considérations sur le rôle de l'espagnol dans la Diaspora des Marranes. Beinart (1970) rappelle la manière dont ont été créées les communautés de l'Orient et de l'Occident et Tabak (1970) explique pourquoi les Sefardim balkaniques n'ont pas donné cours à l'invitation de s'établir en Espagne. Parmi ces travaux, une place à part revient aux articles d' Eshkenazi (1968, 1969, 1970, 1971) qui constituent une ample présentation de l'histoire des Juifs espagnols de l'Empire ottoman du 14ᵉ et 18ᵉ siècles.

1.1.4 *Travaux dédiés à une seule communauté*

Bien plus nombreux sont les travaux qui se réfèrent à une seule communauté. La plupart sont dédiés à la communauté de Salonique, la plus grande de l'Orient.

Gréce: Salonique. Nehama (1935-59) est une ample histoire dont ont vu le jour jusqu'à présent les cinq premiers volumes (les volumes suivants sont en cours de préparation). Elle est consacrée à l'évolution de cette importante communauté jusqu'au 17ᵉ siècle. Parmi les tomes qui suscitent un intérêt tout particulier nous mentionnons les volumes portant sur l'installation des Sefardim (1492-1536), sur l'âge d'or du sefardisme salonicien (1536-1593) et sur la période de stagnation, la tourmente sabbatéenne (1593-1669). Emmanuel (1936) est un bon ouvrage sur l'histoire sociale, économique et littéraire jusqu'en 1640. Danon (1900-01) est un article sur l'histoire de la même communauté au cours du 16ᵉ siècle, avec une présentation détaillée de son organisation. Molho, un bon connaisseur du problème, a présenté dans une série de travaux des faits particulièrement intéressants pour ceux qui s'occupent du parler de Salonique. Molho (1950) est un livre fondamental pour connaître la manière de vivre des Sefardim de Salonique, l'ouvrage contenant également de nombreuses incursions dans l'histoire. Molho (1956) présente la situation d'entre les deux guerrres mondiales. Dans Lewis (1952) se retrouvent des documents concernant l'origine dialectale des Juifs espagnols de Salonique. Deux articles (Parlangèli 1953, Schiby 1970) discutent des problèmes démographiques: le premier fournit des statistiques sur le nombre total des communautés actuelles de la Grèce, tandis que le deuxième traite de l'évolution démographique de Salonique jusqu'après la deuxième guerre mondiale, en montrant les conséquences sur les changements linguistiques. Galante (1935a, 1948a) est une bonne monographie des communautés de Rhodes, Chio et Cos.

Parmi les travaux qui seront discutés dans les autres sections de cet exposé (cf. *4.2.0, 4.2.2.1, 2.2.2.1.2, 2.1.3.1*) il y en a qui présentent des faits intéressant notre discussion: Molho (1960), Attias (1961) – ; avec des informations inédites, Lamouche (1907), Menaché (1959a, 1959b, 1960a, 1960b).

Turquie: Galante est l'historien qui a publié les plus nombreuses études consacrés aux communautés de ce pays. Galante (1941-42) est une ample histoire des Juifs de Constantinople depuis la conquête de cette ville par les Turcs jusqu'en 1941. Dans une série de contributions (Galante 1931, 1949, 1952, 1953, 1954, 1955, 1956, 1958) il présente de nombreux règlements, lois et autres actes officiels concernant les Juifs de la Turquie. Les actes, traduits en français, sont accompagnés d'un riche glossaire des mots turcs employés pour désigner certaines réalités propres à la Péninsule Balkanique. Dans d'autres contributions (Galante 1932, 1937) sont présentés les rapports entre Sefardim et Turcs; l'auteur souligne la résistance des Sefardim à l'assimilation complète par les Turcs. Galante (1937-39, 1948b) est une très utile monographie historique de la colonie de Smyrne.

Parmi les travaux qui seront cités dans les autres sections de notre volume et qui comprennent également des données extralinguistiques (cf. *4.1.1, 3.1.3.3*), nous mentionnons Elnecavé (1963-65) et Farhi (1937) qui fournissent des renseignements sur le mode de vie des Sefardim de Constantinople, et Wagner (1924a) qui traite entre autres des colonies de Karaferia, Kastoria et Brousse.

Yougoslavie: Une excellente synthèse des problèmes des communautés de la Yougoslavie (données historiques et statistiques, traditions, coûtumes, vie quotidienne, enseignement, associations, presse, domaine public, folklore) d'après quelques publications yougoslaves est celle de Kovačec (1968); l'auteur y ajoute de riches informations bibliographiques. Perera (1971) comprend des données statistiques très détaillées sur les Juifs yougoslaves, mais malheureusement il ne précise pas combien en sont de rite espagnol.

Bosnie-Herzégovine: M. Levy (1911) est une bonne histoire des Sefardim de cette province. Kruševac (1966) – une analyse économique, sociologique et historique très détaillée, due à un bon connaisseur du problème – et Elazar (1966), qui comprend des données précieuses sur les mœurs des Sefardim, sont les articles que nous retenons de Kovačec (1968). Les dernières contributions sérieuses sur la communauté de Bosnie-Herzégovine sont Prenz

(1968) – une excellente présentation de la situation actuelle – et Levi-Konforti (1971), une analyse du statut de la communauté de Bosnie-Herzégovine au 19ᵉ siècle.

Dalmatie: Les colonies de la Dalmatie constituent l'objet des travaux de Tadić (1937), M. Levi (1928), Novak (1920), Franchi (1939), Kečkemet (1971), et du recueil édité par Samardžić dédié à la situation de Dubrovnik (Samardžić 1971b). Tadić (1937) est un livre de base où est analysée l'histoire de la communauté de Dubrovnik jusqu'au 17ᵉ siècle d'après des documents des archives de la ville. De la même colonie traite M. Levi (1928), en employant des documents tirés des archives de la ville et de la communauté sefardie. Le livre de M. Levi comprend également un riche matériel onomastique. Du recueil de 18 articles et documents sur la communauté de Dubrovnik édité par Samardžić nous retenons: Tadić (1971) portant sur le rôle des Juifs à Dubrovnik; Samardžić (1971a) – qui traite du commerce pratiqué par les Juifs aux 16ᵉ et 17ᵉ siècles; Popović (1971) – sur les relations de Dubrovnik avec Ancône; Šundrica (1971) – les Sefardim pendant la période de leur émancipation de la ville (1808-1815); Orlić (1971) – les Sefardim au 19e siècle; Pantić (1971) – un choix de documents des 17ᵉ et 18ᵉ siècles. La colonie de Split a été étudiée par Novak (1920) et par Kečkemet (1971). La première contribution est l'œuvre d'un de plus connus historiens yougoslaves, la deuxième – un livre où est présentée l'histoire de cette communauté de ses débuts jusqu'à nos jours. Il comprend également une liste des noms de personne de Split. Franchi (1939) est plutôt un pamphlet contre tout ce qui n'est pas italien en Dalmatie qu'une étude historique scientifique; cet article traite cependant d'une série de faits intéressants d'ordre historique.

Serbie: Sur les communautés de la Serbie nous informe Šlang (1926), une vaste histoire des Juifs de Belgrade depuis l'antiquité jusqu'à nos jours. Elle comprend également des données importantes sur la constitution des colonies sefardies des Balkans, le rôle joué par les Sefardim dans la fondation des imprimeries de l'Empire ottoman, les relations entre eskenazim et askenazim, etc. Alkalaj (1927-29, 1929-30) publie des documents des archives serbes.

Bitola: L. Kamhi (1929) a publié des données statistiques sur la communautés de Bitola.

Parmi les travaux linguistiques comprenant également des données extra-linguistiques nous rappelons Baruch (1930) et Luria (1930a).

Bulgarie: Mézan (1925) est une bonne histoire des colonies de la Bulgarie, avec de nombreux éléments statistiques et ethnographiques mais aussi des faits de langue (surtout de vocabulaire); cf. aussi Rosanis (1914) pour la communauté de Ruse et Rosanis (1888) avec une vue générale sur l'histoire des Sefardim bulgares. Une série d'articles de l'annuaire de la communauté de Sofie traitent des problèmes d'histoire: S. Israel (1971), une histoire des

Sefardim de la Bulgarie du dernier quart de siècle (données démographiques, structure sociale et économique, développement de la science et de la culture, institutions publiques, publications); Arditti (1968), une histoire de la communauté de Shumla; Moskona (1970) donne une image générale de la vie matérielle et spirituelle actuelle; Panova (1966, 1969) sont consacrés à l'activité économique des Sefardim de l'Empire ottoman. Mordekhay (1968) et Kohen (1969) discutent des aspects de l'histoire des Juifs espagnols de la période de la libération de la Bulgarie de la domination ottomane.

Altbauer (1955-56), discuté plus loin (cf. *3.4.8.2*), comprend des informations sur le processus de slavisation des Sefardim de la Bulgarie.

Roumanie: Barasch (1877) fournit quelques indications sur les Sefardim roumains, et Klein (1965) s'occupe du déclin de la colonie sefardie d'Alba Iulia.

Parmi les travaux linguistiques comprenant également des données extra-linguistiques nous rappelons Sala (1970b, 1971).

Italie: Nous remarquons deux des nombreux travaux consacrés aux communautés de ce pays: Modona (1887) et Roth (1956) qui traitent des exilés de 1493 et respectivement de 1492. Ces deux articles sont également intéressants du fait qu'ils comprennent des listes de noms des Sefardim exilés.

Europe occidentale (France, Hollande, Grande Bretagne, Autriche): Hyamson (1951) comprend une histoire des Sefardim de Grande Bretagne depuis leur expulsion d'Espagne jusqu'en 1951. Gaster (1901) est l'histoire de deux siècles de la même communauté. Les autres travaux consacrés à ces régions sont les articles: Gelber (1948) – une présentation sommaire de la communauté de Vienne; Szajkowski (1964) – quelques notes sur les Sefardim de France; Cirot (1906-08, 1922, 1940) et Kayserling (1861) donnent des renseignements sur les colonies du midi de la France, notamment de Bordeaux et de Bayonne. Besso (1937-39) et Praag (1931, 1956, 1967) comprennent des informations sur les colonies de la Hollande.

Maroc: Arribas Palau (1954) comprend des renseignements sur la situation des colonies sefardies, à l'époque immédiatement ultérieure à l'expulsion, tandis que Ñánez (1965-66) traite de la situation actuelle; Ortega (1934) comprend de nombreuses données concernant les communautés marocaines. Vilar Ramírez (1968-69) est un ample article consacré à l'histoire de la colonie de Tétouan de 1489 jusqu'en 1860; cf. F. Cantera (1970) et Ontañón de Lope (1971).

Amérique: Podet - Chasan (1969) est une brève histoire de la communauté de Seattle; Barocas (1969) comprend des renseignements sur la situation de la communauté de New York. On trouve également des renseignements sur la situation du continent américain dans les travaux que nous avons déjà cités (Benardete 1953, Molho 1970) et dans des études linguistiques (Besso 1951,

Bar-Lewaw 1968, Luria 1930b) que nous discuterons plus loin (cf. *2.2.2.3*).
Israël: On trouve certaines informations extralinguistiques dans des articles
qui seront présentés plus loin (cf. *2.2.2.4*) à propos des problèmes linguistiques dont ils traitent: Casartelli (1961), Ramos Gil (1959) et Kosover (1954);
ce dernier est intéressant notamment pour l'analyse des rapports entre askenazim et eskenazim.
Égypte: Landau (1967) donne l'histoire des communautés au 19e siècle.

1.2 CULTURE DES SEFARDIM

1.2.0 Sources d'information

L'observation que nous avons faite plus haut à propos des sources d'information relatives aux aspects historiques et sociaux est également valable pour les
faits d'ordre culturel. Nous signalons que les travaux discutés dans le chapitre
précédent (*1.1.1 – 1.1.4*) comprennent également des informations sur la
culture des Sefardim.

1.2.1 Ouvrages concernant toutes les communautés

Il n'y a pas d'ouvrage d'ensemble consacré exclusivement à l'analyse de la
situation culturelle de toutes les colonies sefardies. Nous rappelons Benardete
(1953), Pulido y Fernández (1904, 1905), Wagner (1930a), Renard (1967) et,
moins importants, Franco (1897) et Estrugo (1958a); ce sont des travaux qui
se réfèrent à plusieurs communautés. Quant aux études consacrées à une seule
communauté, les plus intéressantes sont: Nehama (1935-59), Emmanuel
(1936), Molho (1950), Galante (1932, 1937), Mézan (1925), Israel (1971),
Moskona (1970), Cirot (1906-08, 1922).
 Outre ces contributions citées plus haut, il existe une série de travaux fondamentaux pour la connaissance de la littérature judéo-espagnole: Kayserling
(1858, 1890) sont deux livres qui présentent les faits essentiels jusqu'à la fin
du siècle passé. Le dernier comprend des informations particulièrement riches
non seulement sur la littérature mais également sur les périodiques sefardis;
une liste alphabétique des auteurs facilite beaucoup la consultation du volume. Parmi les travaux plus récents il faut remarquer en premier lieu Molho
(1960), Besso (1962) et Hassán (1969), de vraies synthèses absolument nécessaires à ceux qui sont intéressés par la littérature judéo-espagnole. Molho
(1960), que nous discuterons d'une manière plus détaillée dans une autre
partie de notre exposé (*4.2.2.0*) avec l'introduction de Correa Calderón

(1960), complète d'une manière heureuse Kayserling (1890). L'article Besso (1962) présente d'une manière particulièrement claire toutes les directions de la littérature qui nous intéresse. Hassán (1969) est une excellente présentation des périodes de la littérature judéo-espagnole. Il est également utile à consulter: Corréa Caldéron (1960; une vue d'ensemble sur la littérature judéo-espagnole), Molho (1965; un aperçu sur la production littéraire sefardie de l'Orient au 16e siècle) et Jopson (1936; sur le style littéraire du judéo-espagnol; cf. le compte rendu de Crews (1937)).

1.2.2 Travaux consacrés à la culture d'une seule communauté

Les travaux consacrés à la présentation de la culture judéo-espagnole d'un seul pays sont moins nombreux. Nehama (1965) traite de l'enseignement et de la culture à Salonique au 18e siècle; une analyse du système d'enseignement de la Bosnie comprend A. Pinto (1971). Une ample analyse de la littérature dramatique sefardie d'Amsterdam (17e et 18e siècles) se trouve dans Besso (1937-39); Praag (1939-40) a analysé deux comédies sefardies d'Amsterdam.

1.2.3 Travaux dédiés à une certaine œuvre littéraire

Certains travaux traitent des conditions de la parution d'une certaine œuvre littéraire, en comprenant également, dans la plupart des cas, une caractérisation de celle-ci. Me'am Lo'ez, une œuvre bien connue à caractère encyclopédique, est étudiée par Molho – Nehama (1945) et, d'une manière beaucoup plus détaillée, par Gonzalo Maeso – Pascual Recuero (1964). De nombreuses études se réfèrent aux diverses versions de la Bible imprimées après l'expulsion des Sefardim d'Espagne (cf. Berger 1899). Une synthèse de ces versions figure dans Lazar (1964); des détails sur le contenu de cet article écrit en hébreu se retrouvent dans la présentation de Díaz Esteban (1969). Roth (1943) traite des conditions de l'impression de la Bible de Ferrare (1553) – la première Bible imprimée par les Juifs en employant des caractères latins. Ricci (1926) fait une présentation de cette édition. Une comparaison entre cette Bible et le Pentateuque de Constantinople (1547) est dûe à Morreale (1962a); cf. aussi Verd (1971). Attias (1970b) discute l'œuvre d'Abraham Toledo, poète sefardi du 18e siècle. Voir aussi le compte rendu de Hassán (1971c). Sephiha (1971) est une analyse des versions judéo-espagnoles du livre de Jérémie.

1.2.4 *Études sur le folklore*

Une position à part est occupée par les études dédiées au folklore sefardi, très nombreuses et consacrées notamment au romancero. Il faut mentionner en premier les études de Menéndez Pidal (1906-07, 1910, 1968), fondamentales pour toute recherche sur le romancero sefardi. Un livre fondamental est aussi Menéndez y Pelayo (1900, 1945). D'une importance particulière sont Bénichou (1968a; un modèle de recherche), Bénichou (1968b; une discussion des versions sefardies de certaines romances espagnoles), tous les articles d'Armistead – Silverman cités ci-dessous (*4.1.2.1, 4.2.2.1*) et tout spéciale-ment Armistead – Silverman (1968-69b, 1971a), des modèles de recher-che approfondie où abondent des observations linguistiques, et Griswold Morley (1947-48), une excellente présentation des problèmes du romancero judéo-espagnol, complétée d'une manière heureuse par Attias (1961). Parmi les autres travaux, nous mentionnons: Crews (1932), une présentation d'en-semble du folklore sefardi de la Macédoine; Colin Smith (1964), qui étudie le romancero sefardi dans l'ensemble de la culture hispanique; Baruch (1933) et S. Kamhi (1966), des analyses des différents types de romances de la Bos-nie; Attias (1970a) et Armistead – Silverman (1970c, 1971a), des exposés généraux des particularités du folklore sefardi, surtout du romancero; Galante (1958; quelques observations sur le folklore sefardi), Armistead – Silverman (1964a; des observations sur la conservation de quelques vers de *Mocedades de Rodrigo* chez les Juifs marocains), Armistead – Silverman (1964b; une analyse d'un romance judéo-espagnol en comparaison avec une poésie grecque) et Armistead – Silverman (1968d; discute une chanson de *tubišvat* en relation avec la poésie populaire des Balkans). En ce qui concerne les pré-sentations d'ensemble des autres genres folkloriques, I.J. Lévy (1969), un exposé général sur les proverbes sefardis; voir le compte rendu de Hassán (1972). Alvar (1952, 1953, 1969a) traitent des complaintes (*endechas*) et Alvar (1955, 1971) des chants de noces. Alvar (1966a) comprend de nom-breuses observations pertinentes sur toute la littérature traditionnelle.

2

STRUCTURE DU JUDÉO-ESPAGNOL

2.0 CONSIDÉRATIONS PRÉLIMINAIRES

La structure du judéo-espagnol contemporain a été présentée, dans la plupart des cas, par rapport à l'espagnol standard, dans le but de souligner notamment les différences entre les deux idiomes. Il existe peu d'études présentant la structure du judéo-espagnol d'une manière strictement descriptive, sans aucune référence à l'espagnol standard. Nous commencerons notre exposé par l'analyse des travaux de cette dernière catégorie.

2.1 ÉTUDES DESCRIPTIVES

2.1.0 *Sources d'information*

Il n'existe aucun travail d'ensemble consacré à la description intégrale de la structure de l'idiome qui nous intéresse. Cette remarque est valable non seulement pour la totalité des parlers judéo-espagnols, mais également pour les divers parlers considérés isolement.

2.1.1 *Phonétique et phonologie*

2.1.1.1 *Études spéciales*

Il existe un certain nombre d'études de phonétique et de phonologie synchroniques se rapportant à la situation d'un seul parler. La description la plus ancienne — l'article de Barnils (1917) — est limitée à l'analyse de quelques consonnes nasales et des occlusives *p t k* du parler de plusieurs sujets provenant de Constantinople. Les sons ont été analysés à l'aide du kymographe. Des observations plus approfondies sur la phonétique du parler de Salonique ont été publiées dans Crews — Viñay (1939), un ample article, qui représente une réponse à la critique de Révah (1938) au sujet du livre de Crews (1935). L'étude de Crews — Vinay, fondée sur l'observation auditive et sur l'analyse expérimentale, contient des remarques pertinentes sur les occlusives sonores *b d g* et les fricatives β ∂ γ du parler d'un sefardi originaire de Salonique. Le travail contient également un tableau complet des sons de cette variante du judéo-espagnol et leur description, accompagnés de remarques sur la durée et l'accent. Il s'agit de la première étude comprenant des remarques d'ordre phonologique; les auteurs établissent le statut phonologique des sons *b d g* β ∂ γ. Une description plus ample de la phonétique et de la phonologie du parler de Bucarest a été donnée par Sala (1971). Les informations ont été obtenues à l'aide d'un questionnaire, en interrogeant huit personnes. L'ouvrage comprend deux parties: la première est consacrée à la phonétique, la deuxième à l'analyse phonologique. Dans les deux parties, l'aspect synchronique et l'aspect diachronique sont traités séparément; cette étude diffère de ce fait de tous les travaux antérieurs. A la différence de la plupart des ouvrages antérieurs, dans cette étude sont présentés tous les faits et non pas seulement les phénomènes considérés comme essentiels pour la caractérisation du judéo-espagnol de Bucarest par rapport à l'espagnol standard ou aux autres parlers judéo-espagnols. Le livre de Sala représente la première description phonétique et phonologique complète d'un parler judéo-espagnol: l'inventaire des phonèmes y est établi et les caractéristiques articulatoires et accoustiques permettent la différenciation des phonèmes qui y sont présentées. L'auteur discute une série d'aspects concernant la fréquence des phonèmes, la neutralisation des oppositions, les combinaisons de phonèmes et la prosodie.

2.1.1.2 *Monographies analysées sous 2.2*

On retrouve certains éléments de description des sons ou des phonèmes dans les travaux qui sont analysés dans d'autres sections de notre exposé: Lamouche (1907), Wagner (1909b), Benoliel (1926-52), Baruch (1930), Luria (1930b), D. Levy (1952), pour ne citer que quelques-unes des monographies qui seront discutées plus loin (*2.2.1.2, 3.1.1, 2.2.2.2, 2.2.2.1.3, 2.2.2.3*) et qui rendent compte des faits phonétiques. Agard (1950), Hirsch (1951), Kahane — Saporta (1953) et Quilis (1965) comprennent les éléments d'une description phonologique (*2.2.2.3, 2.1.2.1, 2.2.2.1.3*).

2.1.2 Grammaire

2.1.2.1 Études spéciales

Il n'existe aucune grammaire descriptive complète du judéo-espagnol. Deux articles (Subak 1905, Kahane – Saporta 1953) sont consacrés notamment à la description du verbe judéo-espagnol. Subak (1905) est un exposé clair du paradigme verbal, tel qu'il résulte des données recueillies à Constantinople et en Bosnie. Malheureusement l'auteur ne précise pas les différences entre les deux parlers. Kahane – Saporta (1953), étude modèle, représente la seule analyse moderne du verbe judéo-espagnol et s'appuie sur les textes publiés dans Baruch (1930), Luria (1930a), Simon (1920), Wagner (1914, 1930a), sur une lettre rédigée par une personne habitant Athènes et sur les données obtenues au cours d'une conversation avec deux sujets nés à Smyrne. En employant les méthodes structurales, les auteurs analysent les catégories suivantes: temps, aspect, mode, voix, accord.

2.1.2.2 Monographies analysées sous 2.2

Des éléments de description de la structure morphologique figurent dans les monographies qui seront présentées ci-dessous (2.2.2.1.1 – 2.2.2.1.3, 2.2.2.2, 2.2.2.3). Nous en retiendrons en premier lieu Wagner (1914), Simon (1920), Luria (1930a), Benoliel (1926-52), Agard (1950) pour les paradigmes de la flexion pronominale et verbale. Alvar (1971) contient des remarques intéressantes sur l'emploi des formes morphologiques dans la langue courante et dans les textes folkloriques.

2.1.3 Vocabulaire

2.1.3.1 Inventaire

La description du vocabulaire d'un idiome se réalise en premier lieu par des dictionnaires explicatifs ou historiques. Il n'existe pas de travaux de ce genre consacrés au judéo-espagnol. Les dictionnaires existants, Cherezli (1898-99) et S. Romano (1933) sont presque inaccessibles (le dernier est une thèse de doctorat soutenue à Zagreb et conservée en un seul exemplaire, dans la bibliothèque de P. Skok) et, d'autre part, ils ne contiennent pas un inventaire suffisamment riche de mots. Le dictionnaire de Cherezli ne peut être consulté que par des chercheurs familiarisés avec les caractères hébraïques. Wagner

(1909a) comprend des remarques concernant ce dictionnaire. Pour la connaissance de l'inventaire des mots du judéo-espagnol contemporain, on peut consulter les différents glossaires accompagnant des monographies dialectales (cf. *2.2.1, 2.2.2.1 – 2.2.2.4*) ou de collections de textes (cf. *4.1, 4.2*). Il est évident que dans la plupart des cas ces glossaires ne contiennent pas tous les mots qui sont discutés dans les monographies ou dans les notes explicatives des textes respectifs. Les plus riches glossaires figurent dans les monographies suivantes: Crews (1935; malheureusement sans indications sur les localités où le mot respectif a été enregistré), Benoliel (1925-52; très riche), Luria (1930a), K. Lévy (1929), Wagner (1914) et Simon (1920). Parmi les collections de textes avec glossaires nous rappelons les plus importants: Alvar (1966a; un très ample glossaire, à consulter en tenant compte des remarques d'Armistead – Silverman 1968c); Alvar (1960; cf. aussi le compte rendu Sala (1962d); Alvár (1971); Attias (1961) – à consulter également les excellentes remarques d'Armistead – Silverman (1962a); Bénichou (1968a); Molho (1950); Saporta y Beja (1957); Molho (1960); Larrea Palacín (1959); Armistead – Silverman (1971a); Menaché (1959a, 1959b, 1960a, 1960b). De nombreuses observations sur l'inventaire lexical du judéo-espagnol figurent dans les travaux qui seront analysés dans la section suivante de notre livre (*3.4.1 – 3.4.11*).

2.1.3.2 *Distribution*

2.1.3.2.0 *Sources d'information.* – Les recherches sur la distribution des éléments de cet inventaire dans les divers aspects du judéo-espagnol sont relativement peu nombreuses. Elles ont trait en général à la situation d'un seul parler et pour point de départ plus ou moins explicite l'espagnol standard.

2.1.3.2.1 *Vocabulaire fondamental.* – L'unique tentative d'établir un noyau du vocabulaire fondamental est celle de Luria (1930a), portant sur le parler de Bitola. L'auteur s'est fondé sur une liste de 1.500 mots, les plus fréquents, de l'espagnol standard et a établi la liste des mots correspondants du judéoespagnol. Sala (1962a) s'occupe de la distribution des synonymes du vocabulaire actif et passif du parler de Bucarest. Le même problème est repris par Sala (1970b), qui compare le vocabulaire actif et passif du judéo-espagnol avec celui de l'espagnol américain.

2.1.3.2.2 *Recherches onomasiologiques.* – Les recherches onomasiologiques spéciales sont presque inexistantes: les quelques études Crews (1963, 1965, 1966, 1967, 1970), consacrées à la terminologie médicale, se rapportent aux phases plus anciennes du judéo-espagnol. On trouve quelques observations onomasiologiques chez: Wagner (1930a; terminologie de la flore et de la faune et de la vie spirituelle), Sala (1962a; la terminologie du corps humain), Molho (1950; les mots ayant trait à la structure et au mode de vie des communautés sefardies de l'Orient), Estrugo (1958a; la terminologie de la maison et de la cuisine) et Yahuda (1915; la terminologie de la pathologie et de la thérapeutique). Benoliel (1926-52) présente l'inventaire de plusieurs terminologies: degrés de parenté, animaux, professions. Crews (1953a) analyse les mots pour 'orge' et 'avoine' du judéo-espagnol en comparaison avec un grand nombre de langues.

2.1.3.2.3 *Études sémasiologiques.* – Les études sémasiologiques spéciales consacrées au judéo-espagnol contemporain sont également peu nombreuses. Il existe un essai de Sala qui compare dans un article (Sala 1962a) les synonymes des quatres variantes de la traduction d'un même conte, faite à Bucarest. Sala (1962b) analyse certains aspects de la polysémie du même parler; cf. aussi Botton Burlá (1971). Hassán (1968) s'occupe des synonymes des parlers marocains, en insistant sur les différences sémantiques existant entre les mots anciens espagnols et les emprunts récents. On peut trouver des remarques sémantiques dans les diverses monographies (cf. *2.2.1, 2.2.2.1 – 2.2.2.4*) et surtout dans les études d'étymologie qui seront analysées plus loin (cf. *3.4.1*). De ces premiers noms nous retiendrons la liste donnée par Benoliel (1926-52) des divers termes employés au Maroc pour dénommer le même objet, et qui varient selon qu'il s'agit d'Arabes, de Chrétiens ou de Juifs. Le même auteur apporte des précisions concernant les différences sémantiques entre les divers synonymes du judéo-espagnol marocain.

2.1.3.2.4 *Aspect parlé – aspect écrit.* – La distribution des mots peut être également étudiée en fonction de l'aspect parlé ou écrit de l'idiome en question. L'aspect écrit employé dans la rédaction des livres religieux (*ladino*) contient beaucoup de mots inexistants dans la langue parlée. Le problème a été abordé, entre autres, par Subak (1906a), Baruch (1930) et S. Kamhi (1966) pour la Bosnie, et par Crews (1935) et surtout par Hassán (1971b) qui analysent la question en termes généraux. Une ample description des caractères du *ladino* se trouve chez Gonzalo Maeso – Pascual Recuero (1964).

Un aspect intéressant de la distribution des mots, notamment les différences entre l'aspect parlé et la langue employée dans le romancero marocain, est analysé par Bénichou (1945). Le romancero marocain conserve une série de mots inexistants dans la langue parlée. Sur les particularités du style littéraire d'un écrivain sefardi voir Renard (1966b).

2.1.3.2.5 *Distribution géographique.* – La distribution géographique des divers synonymes n'a pas constitué l'objet d'une étude spéciale. Dans les travaux de Wagner qui discutent les variétés géographiques du judéo-espagnol (cf. *2.3*) figurent de nombreux exemples de synonymes qui sont répandus seulement dans la région occidentale ou orientale de la Péninsule Balkanique. A part ces travaux on peut encore citer quelques-uns des articles d'étymologie dans lesquels on trouve des indications concernant les synonymes du mot analysé (cf. *3.4.2.3*). Sont à remarquer dans ce sens les contributions de Wagner (1950a) et Crews (1955-56, 1960). On trouve des observations de la même nature chez Wagner (1924a) et Subak (1906a); le premier donne les synonymes des autres parlers qui correspondent à quelques termes de Kastoria, Karaferia et Brousse, et le second les synonymes de Bosnie et Constantinople.

2.1.3.2.6 *Distribution stylistique.* – Les considérations stylistiques concernant le lexique judéo-espagnol sont peu nombreuses et sont parsemées dans les diverses études que nous analysons dans le détail dans d'autres sections du présent livre. Hassán (1968) souligne le fait que dans les parlers marocains ont été conservés certains mots employés uniquement dans le langage affectif, et qui sont remplacés dans les autres contextes par des mots espagnols. Wagner (1930a) et Crews (1935) montrent comment certains mots sont évités pour des raisons stylistiques (mots triviaux, tabous) ou comment on en change la forme par plaisanterie ou à cause de certaines superstitions.

Outre ces contributions il faut citer l'article Alvar (1964) qui analyse les comparaisons employées pour la description physique d'une belle jeune fille dans les chansons de noces sefardies. Ce thème a été repris par Alvar (1971) dans un livre qui contient beaucoup de remarques intéressantes d'ordre stylistique concernant le parallélisme lexical des chansons de noces sefardies (cf. aussi Alvar (1966a). On peut trouver l'inventaire des diverses comparaisons employées dans les parlers marocains chez Benoliel (1926-52).

2.1.3.2.7 *Distribution étymologique.* – La structure étymologique du lexique judéo-espagnol sera analysée plus loin (*3.4.2 – 3.4.10*). Nous signalons ici, à titre d'exemple, quelques monographies où sont discutés certains aspects de la distribution des mots selon leur origine: Wagner (1924a; avec des considérations sur la situation de Karaferia et Brousse) et Baruch (1930; pour les contextes dans lesquels sont employés des mots espagnols et ceux d'origine serbo-croate).

16

2.1.3.3 *Noms de personnes*

Les noms de personnes (noms de famille ou prénoms) actuels n'ont pas été étudiés d'une manière satisfaisante. Dans la plupart des cas on a affaire, soit à de simples listes de noms, comme chez Benoliel (1926-52) pour le Maroc, chez Molho (1949) pour Salonique, ou chez Kovačec (1968) pour la Yougoslavie, soit à des considérations sur l'origine de ces noms. Ces derniers faits seront analysés dans la section consacrée à l'histoire du judéo-espagnol, dans laquelle nous présenterons également les noms qui circulaient aux siècles passés (cf. *3.4.1.5*).

2.2 MONOGRAPHIES

2.2.0 *Sources d'information*

Les plus nombreuses données sur la structure du judéo-espagnol contemporain se trouvent dans les monographies contenant une caractérisation du judéo-espagnol par rapport à l'espagnol standard contemporain ou à l'ancien espagnol. On peut distinguer deux catégories de monographies: études présentant les particularités phonétiques, morphosyntaxiques et lexicales d'un groupe de parlers judéo-espagnols, et monographies consacrées à un seul parler.

2.2.1 *Monographies par groupes de parlers*

Parmi les travaux les plus représentatifs pour la première catégorie, nous rappelons dans l'ordre de leur parution: Subak (1906a, 1910), Wagner (1924a), K. Levy (1929), Crews (1935), Stankiewicz (1964), Kolomonos (1968).

Subak (1906a) analyse le judéo-espagnol de Constantinople et de Bosnie. C'est le premier ouvrage scientifique de grandes proportions dans lequel est analysé l'aspect parlé de l'idiome dont nous nous occupons (ceci explique le nombre restreint de mots d'origine hébraïque et française). L'analyse est fondée sur les données obtenues au cours des enquêtes faites en Bosnie ou fournies par un Sefardi de Constantinople. La richesse du matériel est impressionnante, mais l'analyse en est assez confuse, vu que l'auteur a inclus de nombreuses considérations lexicales dans la discussion des faits phonétiques et morphologiques. Ceci, de même que l'absence d'un index rendent difficile la consultation de l'article. A la différence des ouvrages ultérieurs, Subak analyse les phénomènes à partir du latin ou de l'arabe et non pas à partir de l'ancien espagnol. Il est à remarquer que l'auteur ne sépare pas les faits de ces deux idiomes (Bosnie et Constantinople), ce qui crée des difficultés pour celui qui s'intéresse seulement à l'un des idiomes présentés. Le travail s'achève par un bref recueil de textes (cf. *4.1.0*). En dépit de ce que nous venons de dire, il demeure un instrument fondamental pour la connaissance du judéo-espagnol de Bosnie et de Constantinople. Pour une critique de cette ample étude voir Wagner (1909a).

Subak (1910) présente, dans un succinct exposé, les principales particularités du judéo-espagnol de Serbie (Niš, Belgrade), Bulgarie (Sofia, Vidin, Ruse, Varna, Pleven, Burgas, Plovdiv, Dupnica = Stanke Dimitrov), de Roumanie (Bucarest, Ploieşti, Turnu Severin, Craiova), de Turquie (Adrianople; Subak y inclut également les villes de Grèce — Salonique, Volo — et de Yougoslavie — Bitola, Skopje — qui appartenaient à l'Empire ottoman), de Bosnie (Travnik, Banja Luka), et de Dalmatie (Split). Dans un supplément sont signalées les particularités du judéo-espagnol de Smyrne. Les faits les plus nombreux appartiennent au domaine de la phonétique. Beaucoup d'informations précieuses fournies par Subak peuvent être employées aujourd'hui encore, surtout lorsqu'il s'agit des parlers qui n'ont plus été étudiées depuis ou qui ne l'ont été que superficiellement, ce qui rend cette contribution très utile.

Wagner (1924a) expose les principales caractères phonétiques et lexicaux des parlers de Karaferia, Kastoria et Brousse. L'auteur donne une description claire de ces parlers et les compare à la situation du reste du domaine judéo-espagnol, dont il est un excellent connaisseur.

K. Levy (1929) est un bref exposé consacré au judéo-espagnol de Smyrne, Pazardžik et Lárissa, fondé sur dix textes (cf. *4.1.0*). La plupart des considérations se rapportent au lexique et se retrouvent dans l'excellent glossaire comprenant de nombreuses observations étymologiques et des références à divers travaux dans lesquels sont analysés les mots et les formes respectifs; les considérations phonétiques et morphologiques, plus restreintes, sont placées à la fin de l'étude. Dans la même étude, Levy fait des remarques sur quelques textes du *ladino* du 17e siècle écrits dans diverses localités de l'Orient. Wagner (1930b) contient de nombreuses observations au sujet des interprétations données par Levy dans le glossaire ou dans l'introduction de son article.

Crews (1935) est un livre fondamental pour l'étude du judéo-espagnol des pays balkaniques. En partant d'un nombre impressionant de textes (cf. *4.1.0*) recueillis à Bucarest, Bitola, Skopje et Salonique, l'auteur réalise, en fait, quatre monographies des quatre parlers judéo-espagnols et aboutit en même temps à une synthèse, par les renvois d'un idiome à l'autre. La base de cette comparaison est représentée par la monographie du parler de Constantinople de Wagner (1914) (cf. *2.2.2.1.1*). Dans une ample introduction, Crews (1935) donne des renseignements sur les travaux préliminaires et le déroulement de l'enquête. Cette introduction contient également deux chapitres représentant une excellente synthèse systématique des éléments essentiels de la langue des Sefardim. Les autres sections du livre comprennent des textes, des notes, un index des mots avec des références aux notes dans lesquelles ils sont analysés et, finalement, un très riche glossaire (cf. *2.1.3.1*). Les particularités des parlers étudiés sont présentées tant dans l'introduction que surtout dans les nombreuses (1.378) et excellentes notes finales dans lesquelles l'auteur explique les mots et les constructions les plus remarquables. Cette partie du livre est la plus originale et mérite toute l'attention. L'importante œuvre de Crews a été analysée par Entwistle (1937), Farhi (1938) (cf. *3.4.6*), Révah (1938) et Wagner (1936). Crews a répondu au compte rendu de Révah, en acceptant certaines observations et en rejetant d'autres; cf. Crews – Vinay (1939).

A part ces monographies, nous rappelons les contributions de Stankiewicz (1964) – une brève caractérisation des parlers de la Yougoslavie (Sarajevo, Belgrade, Skopje et Bitola) –, et de Kolomonos (1968) – une comparaison, fondée sur le phonétisme des proverbes, de deux parlers: de Bitola et de Skopje.

2.2.2 *Monographies consacrées à un seul parler*

Les monographies consacrées à un seul parler sont plus nombreuses. En général, il n'existe pas de différences, du point de vue de la méthode, entre ce type de monographies et celles qui ont été présentés ci-dessus. Nous les avons groupées selon des critères géographiques, en quatre grandes zones: Orient (Péninsule Balkanique), Maroc, Amérique et Israël.

2.2.2.1 *Péninsule Balkanique*

Le plus grand nombre d'ouvrages sont consacrés à la Péninsule Balkanique, étant donné que les plus importantes colonies se sont établies dans cette région. Les colonies de Turquie (Constantinople, Smyrne), Grèce (Salonique, Rhodes), Yougoslavie (Bitola, Bosnie, Travnik), Bulgarie, Roumanie (Bucarest) ont retenu l'attention des chercheurs.

2.2.2.1.1 *Turquie.* – Pour Constantinople nous disposons de l'ouvrage de Wagner (1914), qui représente l'une des meilleurs monographies qui aient été consacrées à un parler judéo-espagnol. C'est un ouvrage classique, dont l'apport est indispensable dans toute recherche consacrée au domaine que nous présentons. D'ailleurs, nombres d'études ultérieures l'ont pris comme point de départ dans l'analyse des particularités des différents parlers. Ce travail marque une étape nouvelle dans l'étude du judéo-espagnol, étape marquée par une analyse plus profonde des faits judéo-espagnols, envisagés dans une perspective hispanique.

Étant une monographie complète, ce travail traite de la phonétique (présentée d'une manière assez détaillée), de la morphologie et de la syntaxe, de la formation des mots, du lexique, et comprend également un glossaire et un recueil de textes (cf. *4.1.1*). Tous les chapitres (dont quelques-uns sont pourtant un peu trop succincts) sont remarquables et témoignent de la science d'un maître. L'auteur envisage constamment les faits dans l'ensemble du domaine hispanique et les rapporte souvent à l'ancien espagnol. La consultation de l'ouvrage aurait été facilitée par un index.

Le livre de Wagner a formé l'objet d'une analyse détaillée due à Yahuda (1915), comprenant des nombreuses observations et critiques justifiées par le fait que Wagner a fondé sa description sur un recueil de contes dont le style diffère beaucoup de celui de la conversation quotidienne. La critique de Yahuda a entraîné la réponse de Wagner (1923a), qui apporte beaucoup de détails complétant d'une manière heureuse, sur le plan théorique, la monographie en question.

À part la monographie de Wagner, l'article Subak (1906a) est également très utile pour la connaissance du parler de Constantinople (cf. *2.2.1*). Pour les autres parlers de la Turquie on peut consulter: Subak (1910) – Adrianople (cf. *2.2.1*) et K. Levy (1929) – Smyrne (cf. *2.2.1*). Le judéo-espagnol de Smyrne parlé à New York a été analysé par D. Levy (1952) (cf. *2.2.2.4*).

2.2.2.1.2 *Grèce*. – Le parler de Salonique a été étudié par Crews (1935) et Subak (1910) – mentionnés ci-dessus (*2.2.1*) – , par Subak (1906b), Lamouche (1907) et Simon (1920). Il représente la variété la mieux décrite de tous les parlers judéo-espagnols de la Grèce. Pour les autres variétés de la Grèce on peut consulter les travaux de Subak (1910), Wagner (1924a) et K. Levy (1929), mentionnés ci-dessus (*2.2.1*).

Subak (1906b) est la première présentation systématique du judéo-espagnol de la communauté sefardie la plus importante d'Orient. Cet article assez sommaire se compose de deux parties (phonétique et morphologie), tout comme Subak (1906a), et est, en fait, une longue liste de mots destinés à permettre la comparaison avec le parler de Constantinople et de Bosnie. L'absence d'un index rend difficile la consultation de cet article qui, à la différence de Subak (1906a), ne comporte pas de chapitre spécial sur le lexique. Dans le supplément de l'article, Subak donne une liste des faits phonétiques caractéristiques pour Dubrovnik.

La description de Lamouche (1907) est supérieure à l'article de Subak.

Après des considérations générales sur les influences qui se sont exercées sur le judéo-espagnol, l'auteur fait une analyse particulièrement claire des principaux phénomènes phonétiques et lexicaux de ce parler (les chapitres consacrés à la phonétique et au lexiques sont les plus développés). A la fin de cette belle étude sont reproduits deux fragments de textes (cf. *4.1.1*).

Simon (1920) est une présentation très précise du même parler. L'auteur fait des remarques sur la phonétique, la morphologie, la syntaxe, la formation des mots et le lexique du parler de Salonique en s'appuyant sur trois textes assez amples avec lesquels débute l'article. Un glossaire contenant des explications assez amples complète cette utile contribution, qui est indispensable pour la connaissance de la morphologie et de la syntaxe du judéo-espagnol de Salonique.

En partant d'un texte reproduit en transcription phonétique, Giese (1956) fait un bref mais clair exposé des principales particularités du judéo-espagnol de Rhodes. Il comprend des observations d'ordre phonétique et quelques remarques sur des particularités lexicales et syntactiques.

2.2.2.1.3 *Yougoslavie.* – L'idiome employé par les communautés sefardies de la Yougoslavie a été analysé dans plusieurs ouvrages. Nous avons rappelé ci-dessus (*2.2.1*) les contributions de Subak (1906a, 1910), Crews (1935), Stankiewicz (1964) et Kolomonos (1968). Nous signalons également les articles de Luria (1930a), Baruch (1930) et Quilis (1965).

Luria (1930a) monographie du parler de Bitola est, à côté de Wagner (1914), l'une des plus complètes monographies consacrées à un parler judéo-espagnol. Tout comme chez Wagner, les faits analysés sont comparés à ceux du reste du domaine hispanique et aux faits anciens espagnols.

La monographie de Luria commence par un très riche recueil de textes (cf. *4.1.0*) et traite de la phonétique, de la morphologie, de la syntaxe et du lexique. Un glossaire et un excellent index (absolument nécessaire vu le riche matériel fourni par l'auteur) s'ajoutent à ce travail modèle. A la différence d'autres monographies, la partie consacrée à la morphologie (qui comprend également des observations sur la formation des mots) est aussi riche que celle consacrée à la phonétique. Le chapitre de syntaxe, très développé, est l'un des plus détaillés qui aient été consacrés jusqu'à présent au judéo-espagnol.

Le parler de la Bosnie a été étudié par Baruch (1930). C'est une monographie absolument nécessaire pour la connaissance du judéo-espagnol de Sarajevo. Est à remarquer le chapitre de phonétique, comprenant de nombreuses observations précieuses. Ce chapitre est précédé par un autre contenant des observations générales, des références à la situation des siècles passés et notamment à l'œuvre d'Almosnino; l'auteur y inclut des remarques sur la

structure du vocabulaire du parler de la Bosnie. Est à regretter l'absence d'un
chapitre spécial consacré à la morphologie; les faits morphologiques sont analysés à côté de ceux phonétiques et lexicaux dans les notes accompagnant les
deux textes (cf. *4.1.1*). C'est un très utile instrument de travail, d'une clarté
remarquable.

Quilis (1965) est une très succincte mais en même temps très claire monographie du parler de Travnik (localité située près de Sarajevo). La caractérisation de ce parler est fondée sur des textes enregistrés sur bande magnétique
(cf. *4.1.2.0*). Les remarquables observations de Quilis portent uniquement sur
la phonétique, la phonologie et la morphologie. Il est à retenir que les faits
phonétiques sont interprétés dans une perspective phonologique. Un utile
chapitre de phonétique syntaxique signale quelques phénomènes intéressants.

2.2.2.1.4 *Bulgarie.* – Le judéo-espagnol de la Bulgarie est peu étudié, bien
que les communautés de ce pays aient été nombreuses et importantes. A part
les quelques considérations qu'on trouve chez Mézan (1925), Subak (1910) et
K. Levy (1929) rappelés ci-dessus (*1.1.4.4, 2.2.1*), la seule contribution d'ensemble est Wagner (1924b), qui contient cependant des renseignements très
sommaires. On trouve des informations plus détaillées chez Wagner (1930a),
qui s'occupe du parler de Ruse (cf. *3.1.1*). Wagner (1950a) signale des nombreux faits lexicaux dans ses contributions que nous analyserons dans une
autre section du livre (cf. *3.4.1*). Cf. aussi Moskona (1967, 1968, 1971).

2.2.2.1.5 *Roumanie.* – Le parler de Bucarest a été analysé par Subak (1910)
et Crews (1935), présentés ci-dessus (*2.2.1*), par Sala (1971) – qui se limite à
l'aspect phonétique (cf. *2.1.1.1*) – , et par Sala (1959) – une brève monographie basée sur un recueil de proverbes (cf. *4.1.2.2*). L'auteur souligne les
principales particularités phonétiques, morphologiques et lexicales qui se
dégagent de l'analyse des proverbes. Quelques-unes des explications proposées
dans cet article ont été analysées par Wagner (1960). Les autres articles du
même auteur dans Sala (1970a).

2.2.2.2 *Maroc*

Les communautés du Maroc ont attiré l'attention de beaucoup de chercheurs,
les ouvrages consacrés à ces parlers étant assez nombreux. Les principales contributions sont Benoliel (1926-52), Wagner (1931), Bénichou (1945) et Alvar
(1953, 1969a, 1971). Une position à part occupent celles de Castro (1922),
Benarroch (1970) et Martínez Ruiz (1957, 1960, 1963a, 1963b, 1966, 1968).
Benoliel (1926-52) est une ample monographie dans laquelle, à la différence

des autres monographies citées dans notre exposé, les éléments de description sont plus nombreux. L'ouvrage, très détaillé, mais pas assez organisé (cf., par exemple, le chapitre sur l'adjectif qui contient un sous-chapitre consacré aux gestes!), est l'œuvre d'un non-linguiste. Il comprend un chapitre de phonétique (sont décrits, mais pas toujours dans les termes les plus vigoureux, les sons du *hakitía*; l'auteur y inclut des indications sur l'accent et l'intonation), un chapitre de morphologie comprenant d'abondantes informations sur la structure actuelle du judéo-espagnol marocain, un recueil de textes (cf. *4.2.2.0*) et un très riche glossaire. La monographie de Benoliel diffère de toutes les autres par le fait qu'elle ne comporte pas de références d'ordre historique ni trop de références aux autres parlers judéo-espagnols (l'auteur se borne à affirmer que la variante marocaine du judéo-espagnol ne diffère pas de celle parlée en Orient). C'est à Wagner (1931) qu'on doit une telle comparaison qui constitue un heureux et utile complément de la monographie de Benoliel. Wagner compare les faits cités par Benoliel aux faits qu'il a recueillis lui-même en Orient, en signalant tant les ressemblances que les différences entre les deux grandes zones. Les différences entre le judéo-espagnol marocain et celui d'Orient sont dues aux influences exercées sur les parlers du Maroc (arabe) et sur les parlers de l'Orient (turque, slave, grècque, roumaine) qui ont imprimé au judéo-espagnol une coloration toute spéciale; cf. aussi Castro (1922). L'article de Wagner comprend de nombreuses explications phonétiques, morphologiques et lexicales.

Bénichou (1945) est la plus complète étude sur le judéo-espagnol marocain. Elle complète et corrige l'ouvrage de Benoliel. Les observations de Bénichou s'appuient notamment sur les romances recueillies et publiées par Bénichou (1944) et sur les observations personnelles de l'auteur (l'ouvrage comprend d'ailleurs un chapitre consacré aux différences entre la langue des créations folkloriques et l'aspect parlé du judéo-espagnol). Cette excellente étude comprend plusieurs chapitres dans lesquels sont discutés des faits de phonétique, de morphologie et de syntaxe (ces derniers sont peu nombreux). A la différence des autres monographies, toutes les particularités du judéo-espagnol y sont groupées par problèmes, ainsi que: phonétique – particularités communes à l'espagnol littéraire, faits dialectaux, archaïsmes, réadaptation du judéo-espagnol marocain à l'espagnol moderne, influence de la phonétique arabe; morphologie – extension analogique de quelques désinences, unification du radical dans le cas des verbes irréguliers. Un chapitre spécial est réservé aux observations concernant les différences entre l'aspect parlé du judéo-espagnol et la langue des romances. Un excellent index renvoie à tous les mots discutés dans l'étude et dans le recueil de romances Bénichou (1944).

Dans ses commentaires linguistiques en marge de quelques complaintes (cf. *4.1.2.4*), Alvar (1953, 1969a) réalise en fait une brève monographie du judéo-espagnol de Larache. L'auteur apporte de très intéressantes observations sur la phonétique, la morphologie, la syntaxe et le lexique. D'une grande utilité sont les commentaires compris dans le glossaire qui clôt l'étude linguistique (des observations à propos de certaines explications de ce glossaire se trouvent chez Bénichou 1960b). Alvar (1971) est une analyse similaire appliquée à la variété de Tétouan et comporte en même temps de nouvelles informations sur la variété de Larache. L'analyse, toute aussi pertinente que dans Alvar (1953, 1969a), repose sur une série de chansons de noces recueillies par l'auteur. La structure des chapitres est identique à celle d'Alvar (1953, 1969a) et les observations du chapitre consacré au lexique sont très intéressantes.

Les autres ouvrages diffèrent des monographies qui ont été présentées ci-dessus. Castro (1922) présente quelques considérations générales sur les particularités du judéo-espagnol marocain en les comparant avec les idioms méridionaux espagnols. Benarroch (1970), après une série de considérations générales, présente quelques faits lexicaux dans le but de mettre en évidence la richesse du vocabulaire du judéo-espagnol de Tétouan et compare le judéo-espagnol du Maroc à celui de l'Orient. Les articles Martínez Ruiz (1957, 1960, 1963a, 1963b, 1966, 1968) représentent une importante contribution à la connaissance du judéo-espagnol d'Alcazarquivir et constituent une thèse de doctorat. Ces articles seront discutés dans d'autres chapitres du présent ouvrage.

2.2.2.3 Amérique

Les études monographiques consacrées au judéo-espagnol d'Amérique ont trait exclusivement aux parlers des États-Unis: Luria (1930b), Umphrey – Adatto (1936), Agard (1950), Hirsch (1951), D. Levy (1952) et Bar-Lewaw (1968).

Luria (1930b) est différente des autres monographies présentées ci-dessus. Sur la base de 27 mots-type présentant les principales particularités phonétiques, l'auteur décrit le phonétisme du judéo-espagnol de New York. Il ne s'en tient pas à une simple présentation de ces particularités, mais, en prenant comme point de départ la constatation qu'à New York la colonie sefardie est, du point de vue de son origine, hétérogène, il se propose de dégager les dissemblances du langage des Sefardim originaires des diverses colonies de l'Orient. Les observations portant sur la phonétique s'ajoutent à quelques remarques d'ordre morphologique et lexical.

Umphrey – Adatto (1936) représente une analyse du parler de Seattle considéré du point de vue des faits archaïques qu'il a conservés. L'auteur signale les particularités phonétiques et, très sommairement, les particularités

24

morphologiques et lexicales. Une brève mais très claire monographie du judéo-espagnol de New York et de Rochester est l'article Agard (1950). Elle fait partie des quelques monographies qui, à part les faits phonétiques, comprennent également des interprétations phonologiques. Des discussions morphologiques et lexicales s'ajoutent à la présentation de la phonologie. Un chapitre consacré aux textes publiés aux États-Unis (cf. *4.2.1*) clôt cet admirable article à propos duquel Besso (1951) a fait quelques observations portant sur les données extralinguistiques. C'est toujours Besso qui présente certains faits linguistiques découverts chez d'autres sujets et différants des faits enregistrés par Agard.

Hirsch (1951) est une thèse de doctorat qui décrit le judéo-espagnol de New York parlé dans une famille originaire de Salonique. Pour cette description, l'auteur a utilisé un corpus d'environ 8.000 mots. L'analyse phonologique est l'une des plus amples qui aient été consacrées à un parler judéo-espagnol. On y étudie les phonèmes et leurs variantes, la distribution et l'accent. Un intéressant chapitre est destiné au bilinguisme et aux résultats de l'influence du système phonologique anglais sur le judéo-espagnol. Le point fort de cette thèse est à la fois constitué par la partie de phonologie et par un ample chapitre de morphologie et de syntaxe où sont utilisées les méthodes modernes de description. Tout comme dans les autres monographies, dans la partie consacrée au lexique, la méthode comparative est prédominante; le matériel est étudié sous trois aspects: les mots anciens espagnols, les termes dialectaux espagnols et les mots empruntés par le judéo-espagnol de New York.

D. Levy (1952) use d'un même procédé que Luria (1930b) dans un article dans lequel il s'occupe uniquement de la phonétique des Sefardim originaires de Smyrne établis à New York. L'analyse – excellente et précise – est fondée sur des informations fournies par des personnes appartenant à trois générations.

Bar-Lewaw (1968) n'est pas à proprement parler une monographie. L'auteur entame une discussion des aspects du judéo-espagnol d'Atlanta (Géorgie) et de Montgomery (Alabama) et insiste sur les faits de vocabulaire et sur les différentes influences subies par le judéo-espagnol. L'ouvrage comprend aussi quelques textes (cf. *4.1.0*).

2.2.2.4 *Israël*

Les monographies dédiées au judéo-espagnol d'Israël sont en nombre plus réduites et différentes de celles discutées jusqu'ici par leur caractère de vulgarisation. La seule description à caractère scientifique est due à Kraus (1951). L'auteur prend comme point de départ de ses observations deux types de textes: des textes empruntés au périodique *El Tiempo*, paru en Israël, et des textes dépouillés d'un petit manuel d'hébreu édité en judéo-espagnol pour les émigrés établis en Israël. Après quelques considérations lexicales (influence française et hébraïque, formations nouvelles à l'aide de procédés internes), l'auteur présente les faits de phonétique, de morphologie et de syntaxe prenant Agard (1950) comme point de départ pour la discussion. Quelques textes (cf. *4.2.1*) accompagnent cette utile étude.

Ramos Gil (1959), Casartelli (1961) et Mihara (1963) revêtent un caractère de vulgarisation; les données fournies par ces articles n'apportent rien de nouveau à la connaissance du judéo-espagnol d'Israël. Casartelli (1961) reproduit quelques vers d'un poète sefardi contemporain d'Israël.

2.2.3 *Ouvrages d'histoire et dialectologie espagnole*

On trouve des informations sur le judéo-espagnol dans son ensemble dans quelques manuels d'histoire de la langue espagnole et dans une série d'ouvrages de dialectologie espagnole. Le judéo-espagnol y est analysé dans des chapitres spéciaux, plus ou moins développés. Il s'agit d'Entwistle (1936), Lapesa (1962), Rohlfs (1957), García de Diego (1959), Zamora Vicente (1967), Iordan (1963). Les plus étendus chapitres se trouvent chez Zamora Vicente et chez Lapesa; ce sont des vraies synthèses du problème.

2.2.4 *Problèmes discutés*

Dans les ouvrages mentionnés ci-dessus (*2.2.1 – 2.2.3*) les phénomènes phonétiques, morphologiques ou lexicaux considérés comme caractéristiques des parlers étudiés sont envisagés par rapport à l'espagnol standard.

2.2.4.1 *Phonétique*

Dans le domaine de la phonétique, on met l'accent sur la stabilité du vocalisme accentué par rapport à l'instabilité du vocalisme inaccentué, ainsi que sur le fait que le judéo-espagnol présente des formes diphtonguées ou non diphtonguées dans des contextes différents de ceux de l'espagnol standard contemporain. On insiste également sur le fait qu'en judéo-espagnol il existe des sons (ou phonèmes) inexistants dans la variante standard de l'espagnol contemporain, de même que sur l'apparition ou la disparition de certains sons (ou phonèmes) dans des mots judéo-espagnols. Pour les autres questions de phonétiques discutées dans les monographies, cf. *3.2.*

2.2.4.2 Morphologie

Dans les domaines de la morphologie et de la syntaxe (et surtout en morphologie) on remarque l'attention accordée à la flexion verbale et pronominale (quelques ouvrages donnent aussi les paradigmes complets de certains verbes ou types de pronoms; les seules particularités signalées pour la flexion nominale sont: le changement de genre et la création de certaines formes de pluriel différentes des formes existantes dans l'espagnol standard). Les différences morphologiques entre les deux variantes de l'espagnol – le judéo-espagnol et l'espagnol standard – sont surtout des différences de distribution, de réorganisation des mêmes éléments du système et en moindre mesure des différences d'inventaire. Dans certains cas, on met en relief les formes morphologiques conservées uniquement en *ladino*. Les autres problèmes concernant la morphologie et traités dans les monographies seront exposés plus loin (cf. *3.3*).

2.2.4.3 Lexique

Dans les chapitres portant sur le lexique, on a insisté sur deux catégories de différences entre le judéo-espagnol et l'espagnol standard. Il s'agit des différences d'inventaire (le judéo-espagnol conserve des mots disparus de l'espagnol standard et adopte des mots nouveaux – créations ou emprunts), ou de distribution (des mots dialectaux d'Espagne sont généralement assez répandus en judéo-espagnol, étant acceptés par la norme de l'idiome dont nous nous occupons). Bon nombre de ces différences seront reprises dans les chapitres suivants (*3.4.2 – 3.4.10*) dans lesquels nous montrons les causes de cette situation.

2.3 VARIANTES GÉOGRAPHIQUES

Un problème souvent effleuré dans les diverses études sur le judéo-espagnol est celui des variantes géographiques, des différences dialectales dans le cadre du judéo-espagnol.

L'existence de certaines différences dialectales a été signalée par Wagner (1909b) et présentée amplement, après l'intervention de Yahuda (1915), dans tous les ouvrages importants dus à ce linguiste: Wagner (1923a, 1924a, 1930a). Dans Wagner (1950a, 1950b), on peut trouver une synthèse des résultats obtenus jusqu'à cette date. La thèse de Wagner, selon laquelle l'existence de deux grandes aires, l'une dans l'Ouest de la Péninsule Balkanique, l'autre dans l'Est de la même Péninsule, serait due à l'origine différente des émigrés, a été acceptée par la plupart des linguistes qui se sont occupés de judéo-espagnol. Un exposé détaillé de cette thèse est présenté par Renard (1967).

Un point de vue nouveau et digne d'être retenu est exprimé par Révah (1961a). L'auteur analyse les différences géographiques établis par Wagner et arrive à conclure qu'elles ne représentent pas la véritable géographie des parlers judéo-espagnols modernes. Entre autres, Révah met en évidence que le centre le plus important du prétendu "groupe occidental" (Salonique) ne présente qu'un seul des quatre traits déclarés caractéristiques pour le groupe entier. Révah estime qu'en réalité les principales différences sont celles entre le parler de Constantinople et celui de Salonique et que ces différences entre les divers parlers s'expliquent par la propagation de certaines de ces différences à d'autres centres. Il existe en outre des innovations ayant une sphère de propagation beaucoup plus restreinte que celles mentionnées ci-dessus.

3

HISTOIRE DU JUDÉO-ESPAGNOL

3.1 OUVRAGES D'ENSEMBLE; PROBLÈMES GÉNÉRAUX

3.1.1 *Ouvrages scientifiques*

Il n'existe pas une histoire complète du judéo-espagnol. On trouve cependant de nombreuses données d'ordre historique dans des ouvrages d'ensemble tels que Wagner (1909b, 1930a), Révah (1961a), Renard (1967) – les trois derniers sont fondamentaux – et dans des ouvrages de détail. Des explications de nature historique se retrouvent également dans bon nombre des ouvrages discutés dans la partie précédente, consacrée à la structure du judéo-espagnol.

Wagner (1909b) est la première synthèse scientifique du judéo-espagnol dans laquelle les éléments portants sur son histoire soient très nombreux. En se fondant sur toutes les données qu'il a considérées indiscutables à cette date-là, Wagner présente brièvement l'origine de l'idiome et ses principales caractéristiques, en insistant sur les faits lexicaux empruntés aux langues avec lesquelles les Sefardim ont eu des contacts. Les problèmes abordés dans cet article, qui fait date dans la bibliographie de la spécialité, ont été repris deux décennies plus tard par le même auteur, dans un ouvrage devenu classique. Il s'agit du livre de Wagner (1930a), l'un des rares ouvrages utiles tant pour le spécialiste du judéo-espagnol que pour le linguiste qui désire s'informer sur ce domaine.

Dans les trois parties de l'ouvrage ("Desarrollo y característica general del judeo-español"; "El judeo-español como expresión de las condiciones sociales y religiosas de los judíos"; "La vida intelectual de los judíos españoles de Oriente y el estilo literario de los sefardíes") et dans l'excellente annexe comprenant des textes commentés des différentes localités de la Péninsule Balkanique (cf. *4.1.1*), Wagner met à la portée de tous les chercheurs un solide fondement pour n'importe quelle investigation ultérieure. L'exceptionnelle valeur de ce livre, qui touche pratiquement à presque toutes les questions fondamentales de l'idiome dont nous nous occupons, a été remarquée dans les comptes rendus: Blondheim (1931), K. Levy (1931b), Cirot (1933) et Iordan

(1934) qui ont ajouté d'utiles compléments.

Renard (1967) continue Wagner (1930a) par l'information mise à jour et surtout par les nombreux détails sur des données linguistiques se rapportant à l'histoire du judéo-espagnol. Comportant deux parties (l'une dédiée à l'histoire externe, l'autre aux faits de langage), le livre de Renard s'intéresse à presque tous les aspects historiques et linguistiques indispensables à la connaissance de l'idiome dont nous nous occupons. Dans la section dédiée à la langue, l'auteur analyse trois aspects fondamentaux: le niveau de la langue populaire (*koiné*), celui de la langue littéraire écrite (*ladino*) et les causes du maintien et de la disparition du judéo-espagnol. Un intéressant recueil de textes (cf. *4.2.0*) et une ample bibliographie insuffisamment mise au point cependant (il manque, par exemple, Révah (1961a), un ouvrage fondamental) s'ajoutent à cette introduction au judéo-espagnol.

Révah (1961a) présente d'une manière excellente l'évolution du judéo-espagnol de l'Empire ottoman. Cet ouvrage observe beaucoup plus fidèlement que d'autres l'existence en judéo-espagnol de deux niveaux de langue: l'aspect parlé et l'aspect écrit, utilisé dans la traduction des textes bibliques et liturgiques. L'article présente, dans ses cinq parties, des remarques pertinentes, d'une clarté toute particulière, sur les faits discutés. Les titres des chapitres illustrent parfaitement leur contenu: les parlers des Juifs d'Espagne avant l'expulsion de 1492, les conditions historico-géographiques de la formation et de l'évolution des parlers judéo-espagnols des Balkans, les textes qui permettent d'étudier l'évolution des parlers judéo-espagnols des Balkans, les parlers des Balkans à la veille de la seconde guerre mondiale. Le chapitre 4, qui apporte la première et l'unique synthèse de l'évolution du judéo-espagnol, s'appuie sur l'analyse de quelques œuvres littéraires choisis dans le but de caractériser le 16e, 17e, 18e, 19e et 20e siècles. D'une exceptionnelle clarté, ce chapitre comprend une présentation des principaux faits et demeure un modèle à suivre pour l'élaboration d'une histoire des parlers judéo-espagnols; cf. aussi Révah (1968-69).

Parmi les études qui ont été commentées jusqu'ici, une place à part mérite Luria (1954) qui présente l'histoire du judéo-espagnol en la comparant à l'espagnol mexicain et qui met en relief des innovations et des archaïsmes communs aux deux variétés de l'espagnol. Les observations de Luria concernent surtout des faits phonétiques, qui sont discutés dans la plus grande partie de l'article, mais aussi certains faits morphologiques. Le lexique est représenté par une liste des archaïsmes existants en judéo-espagnol et en espagnol mexicain.

3.1.2 *Ouvrages à caractère de vulgarisation*

Il existe plusieurs ouvrages d'ensemble à caractère de vulgarisation. Le premier de cette série, qui appartient à un précurseur de l'étude scientifique de l'idiome dont nous nous occupons, est Grünwald (1882). Dans ses 47 pages il indique les principales caractéristiques de l'évolution du judéo-espagnol. L'ouvrage a une valeur historique et le mérite d'avoir éveillé l'attention sur le judéo-espagnol. Le système de transcription est tout à fait dépassé. C'est Wagner (1909a) qui a donné un jugement exact de cette étude. Quelques considérations générales sur le judéo-espagnol d'Orient se trouvent dans l'article de Galante (1907).

Parmi les ouvrages plus récents nous relevons: Baruch (1935), Wagner (1920b, 1947), Estrugo (1958a), J. Cantera (1965), Marcus (1965), Moskona (1968) et Nervo (1952). Wagner (1920b, 1947), exposé destiné au grand public dû à un maître. Estrugo (1958a) est un livre à caractère anecdotique et, de ce fait, a le mérite de faire connaître aux non-spécialistes les caractéristiques du judéo-espagnol. Cet ouvrage, dont les parties sont inégales, comprend une série de données historiques, culturelles et linguistiques (ces dernières peuvent être utilisées surtout pour les problèmes qui y sont abordés, mais doivent être employées beaucoup plus prudemment pour ce qui est des explications). On trouve des observations et des appréciations sur ce livre dans les comptes rendus Crews (1959) et D. Lida (1959). J. Cantera (1958, 1964a) est un bon exposé des problèmes du judéo-espagnol. Marcus (1965), article en hébreu, discute une série d'aspects de l'histoire du judéo-espagnol: les relations avec la culture espagnole, les influences qui en découlent, l'apparition de certaines variétés géographiques, etc. Une riche bibliographie (cf. *5.2*) clôt l'ouvrage. Moskona (1968) comprend un exposé d'ensemble qui traite surtout de la composition du lexique. Il divise l'histoire du judéo-espagnol en deux grandes périodes: la première, au cours de laquelle ont prévalu les influences hébraïque, arabe et portugaise, et la seconde, la période ottomane, caractérisée par l'influence turque, grecque, italienne, allemande et bulgare. Les critères de cette périodisation sont exclusivement lexicaux. L'article se termine par un supplément comprenant des proverbes (cf. *4.2.2.2*). Nervo (1952) se propose de traiter des faits généraux concernant l'évolution du judéo-espagnol.

3.1.3 *Problèmes généraux*

Quelques problèmes généraux se rapportant à l'apparition, l'évolution et l'état actuel du judéo-espagnol ont été débattus notamment dans les ouvrages ci-dessus mentionnés et également dans d'autres que nous présenterons par la suite.

3.1.3.1 *Apparition du judéo-espagnol*

La constitution de l'idiome qui forme l'objet de nos préoccupations a été abordée dans tous les ouvrages d'ensemble mentionnés sous *3.1.1*, aussi bien que dans les monographies de Crews (1935) et de K. Levy (1929) présentées sous *2.2.1*. Ce problème a constitué l'objet d'un article intitulé d'une manière suggestive "A-t-il existé en Espagne un dialecte judéo-espagnol?" (Marcus 1962).

La conclusion générale qui s'impose pour la plupart de ces études est qu'on ne saurait parler d'un idiome distinct de l'espagnol avant l'expulsion de l'Espagne (à l'exception de K. Levy (1929) qui a été critiqué par Wagner (1930b)). K. Levy (1931a) reprend une idée exprimée dans le compte rendu sur Wagner (1930a). Tous les chercheurs sont tombés d'accord sur le fait qu'ont existé certaines différences de vocabulaire (mots hébreux, arabes et même mots d'origine latine inexistants dans le parler des Chrétiens), d'intonation ou même de syntaxe – différences dues au mode de vie des Juifs, qui se distingue de celui des Chrétiens. Ces différences ont été, très probablement, plus grandes dans les traductions des textes bibliques et liturgiques, ainsi que le remarque Révah (1961a, 1970) et Blondheim (1923, 1924a, 1924b).

3.1.3.2 *Évolution du judéo-espagnol*

En ce qui concerne l'évolution du judéo-espagnol, on remarque l'absence presque totale d'études se proposant d'établir les étapes de son évolution, la périodisation de l'histoire de cet idiome. Parmi les ouvrages qui traitent de cet important problème, on distingue l'article déjà cité (Révah 1961a) qui lui réserve un chapitre entier. Il est à remarquer le fait que l'auteur établit les grandes étapes de l'évolution du judéo-espagnol non pas par rapport avec les influences externes exercées sur l'idiome en question, mais notamment en fonction de l'évolution du phonétisme, de la morphologie et du lexique espagnol. Dans les autres ouvrages, les étapes de l'évolution de l'idiome sont analysées sommairement et sont établies – comme dans le cas de Moskona (1968) – uniquement par rapport aux diverses influences externes.

Au problème de la constitution du judéo-espagnol en tant que réalité différente de l'espagnol péninsulaire ou de l'espagnol de l'Amérique se rattache celui de la réorganisation de la structure hispanique du judéo-espagnol et de l'apparition d'une nouvelle norme. Comment est-on arrivé à cette nouvelle norme et quelles sont ses particularités (insoumission à la norme du castillan standard, "faiblesse", etc.) – voilà autant de questions auxquelles l'article de Sala (1965a), consacré spécialement à ce problème, répond dans le détail. On trouve des observations dans le même sens concernant la norme du judéo-espagnol chez Renard (1966a, 1967). Dans le même ordre d'idée, on peut rappeler des discussions portant sur l'apparition d'une langue commune (*koiné*), initiées dans Wagner (1923a) et développées ultérieurement dans Wagner (1930a, 1950a).

3.1.3.3 *État actuel du judéo-espagnol*

Un problème souvent abordé dans les diverses études sur le judéo-espagnol est celui de sa situation actuelle, des circonstances dans lesquelles il est encore employé et surtout au sort de cet idiome dans un avenir plus ou moins éloigné. Dans Besso (1963b), un article consacré à ce sujet, l'auteur traite de l'état actuel du judéo-espagnol. Des considérations sur le même problème se trouvent dans de nombreuses études dans lesquelles est discutée la situation de tous les parlers où se font des références concrètes à un certain parler. Pour le premier groupe il faut citer: Benardete (1953), J. Cantera (1964a, 1964b), Besso (1970), Molho (1964), Wagner (1950a, 1923a, 1930a), Renard (1967), Molho (1960), Criado de Val (1970), Quilis (1970), et, pour le deuxième groupe, les contributions suivantes: Wagner (1909a); Crews (1935) – pour le parler de Bucarest; Farhi (1937) – excellente étude du parler de Constantinople; Prenz (1968) et S. Kamhi (1966) : pour le parler de la Bosnie; Schiby (1970) – pour le parler de Salonique; Doppagne (1968) – pour le parler de la Belgique; Bénichou (1945), Martínez Ruiz (1966), Alvar (1971) et Hassán (1968) – pour le parler du Maroc; Bar-Lewaw (1968) et Besso (1967) – pour le parler des États-Unis; Ramos Gil (1959); Casartelli (1961), Attias – Capdevilla – Ramos Gil (1964) et Besso (1967) – pour le parler d'Israël.

Dans toutes ces études on insiste sur le fait que le judéo-espagnol est un idiome en voie de disparition qui a un grand amalgame de formes soumises à de continuelles hésitations et remaniements. Sont présentées les causes de ce processus (causes économiques, politico-sociales et culturelles: cessation des relations avec l'Espagne; adoption de l'alphabet hébraïque; obligativité d'apprendre la langue et d'assimiler la culture du pays habité; influence exercée par des langues comme le français ou l'italien; mariages contractés en dehors de la communauté; l'abandon de l'usage de l'aspect littéraire, qui fait que la sphère d'emploi de l'idiome soit forcément restreinte). Dans certains ouvrages, sont présentées les circonstances dans lesquelles le judéo-espagnol est encore employé, ainsi que celles dont il a été éliminé; sont indiqués également les systèmes linguistiques remplaçant l'espagnol dans le parler des Sefardim. Les auteurs suggèrent parfois les solutions qui devraient être adoptées pour la défense de cet idiome: les uns soutiennent la nécessité d'apprendre la langue espagnole, donc de moderniser le judéo-espagnol, d'autres proposent l'enrichissement du judéo-espagnol par un emploi littéraire. Le problème de l'abandon du judéo-espagnol est analysé dans une série d'articles par l'auteur de ce livre. Sala (1961a) présente les causes et les étapes du processus de renonciation à l'idiome en question. Sala (1962b) étudie le rapport entre l'abandon de la langue et la polysémie, notamment la manière dont la disparition d'une langue conduit à l'apparition d'une riche polysémie et, en même temps, la manière dont cette polysémie accélère le processus d'abandon de la langue; cf. aussi les remarques pertinentes de Botton Burlá (1971). Sala (1965b) s'arrête aussi sur le fait qu'une langue romane (le roumain) peut contribuer à la disparition d'une autre (le judéo-espagnol), au moins dans certains contextes; Sala (1962c) s'occupe du rapport entre la quantité d'information et les différentes parties du mot dans le cas concret d'une langue en voie de disparition.

Sont à remarquer de très intéressantes observations sur la situation de quelques villes où le judéo-espagnol a disparu, mais où il en reste pourtant quelques vestiges dans certaines terminologies ou dans certains domaines. De telles remarques se retrouvent: chez Kayserling (1891), Cirot (1906-08, 1922) et Cirot – Benoliel (1935), avec de nombreux mots pour Bordeaux; chez A. Lévi (1930) et Léon (1907), pour Bordeaux et Bayonne; chez Estrugo (1958a), pour Bayonne. Davids (1910), Wagner (1924c) et Praag (1931) apportent des faits intéressants sur Amsterdam. Bedarida (1956), Tavani (1960) et D. Romano (1970) s'arrêtent sur les vestiges du judéo-espagnol en Italie: Tavani donne des exemples du parler des Juifs portugais et D. Romano analyse les mots judéo-espagnols rencontrés dans l'œuvre de Bassani. Pareillement à D. Romano, Alvar (1967) présente, en s'appuyant sur un roman d'Ivo Andrić, une série de contextes où est employé le judéo-espagnol de la Yougoslavie. On trouve le même type d'exemples de la littérature yougoslave chez Kovačec (1968). Sola Pool (1965) s'occupe de la modalité d'emploi des mots espagnols et portugais à la synagogue de New York.

3.2 PHONÉTIQUE ET PHONOLOGIE HISTORIQUES

3.2.1 *Monographies analysées sous 2.2; problèmes discutés*

Les données les plus nombreuses sur la phonétique et la phonologie historiques apparaissent dans les monographies discutées dans la section consacrée à la structure du judéo-espagnol. Des titres déjà mentionnés nous rappelons, pour leurs considérations sur la phonétique historique, surtout les suivants: Wagner

(1914), Luria (1930a), Crews (1935), Subak (1906a), Lamouche (1907), Baruch (1930), Simon (1920), Wagner (1924a), Subak (1906b), Umphrey – Adatto (1936), Subak (1910), Luria (1930b), Sala (1959), Kraus (1951), Wagner (1931), Bénichou (1945), Alvar (1953, 1969a), D. Levy (1952) et Kolomonos (1968). On peut faire la même observation quant aux études de phonétique descriptive discutées sous *2.1.1.1*, telles Révah (1938), Crews – Vinay (1939) ou Sala (1971), qui comprennent des éléments de phonétique historique (le dernier des travaux cités comprend un chapitre assez ample consacré à la phonétique historique). De nombreuses données sur la phonétique historique apparaissent dans les travaux d'ensemble tels que Wagner (1909b, 1930a), Révah (1961a) et Renard (1967), discutés sous *3.1.1*.

Pour les observations sur la phonologie diachronique on peut consulter également les travaux discutés jusqu'ici: Agard (1950), Hirsch (1951) et Quilis (1955); Sala (1971) comprend un chapitre spécial de phonologie diachronique.

Dans toutes ces contributions on explique les faits par lesquels la phonétique du judéo-espagnol diffère de celle de l'espagnol contemporain standard: transformations de certains sons dues au contexte ou à la position dans le mot (ou dans la phrase), conservation, modification ou disparition de certains sons, apparition d'autres sons (tout cela pour la phonétique) ou modification de l'inventaire de phonèmes ou de variantes, modifications dans la distribution des phonèmes (pour la phonologie).

Dans la plupart de ces études on insiste sur le fait que le judéo-espagnol conserve, en grandes lignes, le système de l'espagnol médiéval (le phénomène est plus évident en ce qui concerne le consonantisme), ce qui a fait que beaucoup de linguistes soutiennent l'idée que le judéo-espagnol peut servir comme terme de référence pour établir le statut de certaines consonnes de l'ancien espagnol. Ainsi, pour ne donner que quelques exemples, nous rappelons Wagner (1914, 1930a), Alonso (1955) et Menéndez Pidal (1958) – des travaux dans lesquels l'on tire des conclusions sur la situation des sibilantes de l'ancien espagnol ou même sur l'étymologie de certains mots de l'espagnol contemporain en partant de la situation des parlers judéo-espagnols actuels. Révah (1961a) a attiré l'attention sur certaines erreurs qu'on peut faire en interprétant les faits de cette manière. Une série de ces faits archaïques, auxquels on peut ajouter d'autres, existent également dans certains dialectes conservateurs du nord-ouest de l'Espagne.

On insiste également sur les diverses innovations qui se sont produites dans le phonétisme des parlers judéo-espagnols. Généralement on souligne que la grande majorité des innovations du domaine phonétique correspondent aux diverses variétés de l'espagnol. Wagner (1930a), en développant une idée qu'il avait émise auparavant pour l'espagnol américain, conclut qu'aucune transformation ne s'est produite sans une influence externe et que par conséquent toutes ces transformations se retrouvent sous une certaine forme dans l'espagnol péninsulaire ou de l'Amérique. Voir aussi Malmberg (1961). En ce qui concerne ces innovations, on souligne aussi le fait que dans certains cas le phénomène s'est produit en judéo-espagnol plus tôt ou dans le même temps que les premières attestations du reste du domaine hispanique (le cas du *yeismo* attesté dès le 17ᵉ siècle; cf. Alonso 1953), ou bien que, dans d'autres cas, l'innovation a dépassé les limites entre lesquelles elle s'est manifestée dans d'autres parlers (le cas de *ğuguevis* 'jueves' analysé par Malmberg (1965)). L'idée des innovations internes a été reprise par Wagner dans un compte rendu (Wagner 1960) où il repousse certaines explications externes données pour le judéo-espagnol de Bucarest par Sala (1959). Ce point de vue est adopté par Sala (1965a) en discutant la manière dont s'est constituée la nouvelle norme du judéo-espagnol.

D'autres innovations sont dues à des causes externes. Wagner (1914) montre qu'à Constantinople apparaît dans certains contextes un *l* vélaire, emprunté au turc. Dans Benoliel (1926-52), Bénichou (1945) et Alvar (1971) on trouve des détails sur l'influence arabe sur le phonétisme marocain. Sala (1971) montre qu'à la périphérie du système phonologique du judéo-espagnol de Bucarest il existe des phonèmes ou des variantes dus à l'action des facteurs externes.

Un autre problème abordé souvent dans les travaux mentionnés et qui est lié à celui que nous avons exposé ci-dessus est celui de l'adaptation des mots empruntés au système phonétique et phonologique du judéo-espagnol. Nous avons montré ci-dessus que le judéo-espagnol a adopté parfois des sons et même des phonèmes étrangers, mais dans la plupart des cas les sons étrangers sont identifiés avec les sons et les phonèmes existants. Le problème a été largement discuté dans Wagner (1914, 1954a) et dans un article classique (Danon 1913) portant sur l'adaptation des mots d'origine turque. Pour le problème de l'adaptation des mots hébreux l'article Crews (1962b) est fondamental, pour l'adaptation des arabismes d'Alcazarquivir il est utile de consulter Martínez Ruiz (1966).

3.2.2 *Études spéciales*

Les problèmes de la phonétique historique ont été abordés également dans une série d'études spéciales. Outre Danon (1913) et Crews (1962b) cités ci-dessus, nous retenons les études suivantes: Renard (1965, 1966a), Correa Calderón (1968), Malkiel (1956), Combet (1966), Martínez Ruiz (1957) et Sala (1963). Renard (1965) est une synthèse des principales transformations

phonétiques du judéo-espagnol qui, tout comme Renard (1966a) — un article
dans lequel l'auteur étudie l'influence exercée par le système de transcription
sur le phonétisme en question —, a été reprise dans Renard (1967). Correa
Calderón (1968) donne de nombreux exemples d'accidents phonétiques (pro-
thèse, épenthèse, paragoge, aphérèse, syncope, métathèse) extraits des proverbes de l'Orient. Malkiel (1956) et Combet (1966) s'occupent d'une des particularités les plus frappantes de l'accentuation judéo-espagnole: *judío* (chez
Combet aussi *dío*). Martínez Ruiz (1957) analyse le problème compliqué du
f-, *h-* aspiré et *h-* muet dans le parler d'Alcazarquivir (Maroc). Enfin, Sala
(1963) discute le rôle des facteurs internes et externes dans l'évolution du
phonétisme du parler de Bucarest.

3.2.3 *Études consacrées à certains textes anciens*

On trouve également des informations sur la phonétique historique dans les
études consacrées à l'analyse de certains textes judéo-espagnols anciens.
Wiener (1895-96) présente les particularités de la Bible de Ferrare, González
Llubera (1938) celles d'un texte de 1703 de Venise. Les contributions de
Spiegel (1952) et Abraham (1960-61) sont deux travaux du même genre. Le
premier est une thèse dans laquelle l'auteur analyse le phonétisme de l'espagnol parlé par les Juifs avant de quitter l'Espagne; nous le mentionnons ici
par ce qu'on y trouve des informations intéressantes sur les stades anciens du
judéo-espagnol. Abraham (1960-61) relève les phonétismes archaïques d'un
texte du 17e siècle.

3.3.1 *Monographies analysées sous 2.2; problèmes discutés*

Tout comme pour la phonétique, la plupart des informations sur la morphologie ou la syntaxe historiques sont fournis par les monographies qui ont été
présentées dans la section consacrée à la structure du judéo-espagnol. Pour
les discussions à caractère historique nous en rappelons les suivantes: Wagner
(1914), Luria (1930a; la plus riche en observations sur la syntaxe), Crews
(1935), Simon (1920), Subak (1906a), Lamouche (1907), Quilis (1965),
Subak (1906b), Sala (1959), Kraus (1951), Wagner (1931), Bénichou (1945),
Alvar (1953, 1959a, 1971), Benoliel (1926-52), Umphrey — Adatto (1936),
Agard (1950), Hirsch (1951). Les travaux d'ensemble, tels Wagner (1909b,
1930a), Renard (1967), Révah (1961a) et Luria (1954) discutés sous *3.1.1*,
comprennent eux aussi des faits appartenant à la grammaire historique.
  Les études mentionnées expliquent les faits grammaticaux que l'on consi-

dères propres au judéo-espagnol. Bien d'entre eux sont en fait des formes ou des constructions archaïques, disparues de la norme de l'espagnol standard, et conservées, à cause de son isolement de l'Espagne, dans le judéo-espagnol. Les formes morphologiques analogiques qui n'existent pas en espagnol standard (mais qui existent dans les différentes variétés géographiques de l'espagnol) ou, inversement, qui existent en espagnol standard, mais manquent en judéo-espagnol sont également nombreuses. On a également souligné qu'il existe des formes dont les valeurs diffèrent de celles de l'espagnol standard. La plupart de ces différences d'ordre morphologique ont été expliquées par des causes internes, comme résultat de certaines tendances hispaniques réalisées également dans d'autres régions du domaine linguistique espagnol (il s'agit des formes analogiques) ou comme effet d'une tendance à simplifier et à unifier la flexion morphologique (pour ce qui est de la disparition de certaines formes). Certaines différences par rapport à l'espagnol standard, évidemment moins nombreuses, ont été expliquées par des facteurs externes: le changement du genre de certains noms, les pluriels à modèle hébreu. Dans le domaine de la syntaxe on constate une situation similaire, mais il faut préciser que le nombre des phénomènes expliqués par des critères externes est plus grand. Au compte des facteurs internes (un certain relâchement des règles syntaxiques) a été mise la confusion signalée quant à l'emploi de certaines conjonctions et prépositions. Nous ne retenons que deux des influences externes mises en évidence dans différentes études. Il s'agit tout d'abord de l'influence récente du français, plus évidente dans le cas des personnes cultivées et deuxièmement de l'influence hébraïque qui a été très forte dans le cas de la langue des textes en *ladino*, de manière qu'il y a de très grandes différences entre ces textes et l'aspect parlé.

3.3.2 *Études spéciales*

Les problèmes de grammaire historique ont été abordés également dans des articles spéciaux tels que: Spitzer (1922), Gabinskij (1967a, 1967b, 1967c, 1968, 1969, 1970a, 1970b), Correa Calderón (1963), Panfilov (1957) et Martínez Ruiz (1960).

Spitzer (1922) analyse l'emploi du gérondif en tant qu'impératif. Dans une série d'articles, Gabinskij attire l'attention sur un phénomène qui existe également en judéo-espagnol: le remplacement de l'infinitif par le subjonctif dans les expressions comme *kale ke venga* et *onde ke vaiga*. Une autre influence balkanique est discutée dans l'article de Correa Calderón (1963), qui traite de l'emploi de *i* avec la valeur de 'también'. Panfilov (1957) traite de l'objet direct construit avec la préposition *a* du judéo-espagnol par rapport au reste du domaine hispanique. Martínez Ruiz (1960) explique une série de faits morphologiques propres au parler d'Alcazarquivir (Maroc).

3.3.3 *Études consacrées à certains textes anciens*

On trouve également des données sur la grammaire historique dans les travaux qui analysent certains textes judéo-espagnols anciens. Wiener (1895-96) énumère une série de faits de la Bible de Ferrare. González Llubera (1938) fait la même chose pour un texte écrit en 1703 à Venise et Abraham (1960-61) s'occupe d'un texte du 17e siècle. Ce dernier comprend également des informations intéressantes sur l'influence hébraïque sur la syntaxe, sujet abordé aussi par Sephiha (1970, 1971) dans l'analyse parallèle de deux versions de la Bible parues en Orient (la Bible de Ferrare et le livre de Jérémie imprimé à Salonique en caractères hébreux vocalisés). Cf. aussi Révah (1970).

3.4. HISTOIRE DU VOCABULAIRE

L'histoire du vocabulaire comprend l'étude de l'étymologie des mots de diverses origines, de la structure du lexique d'après ses origines et, enfin, celle de la constitution des différentes terminologies. Une excellente vue d'ensemble chez Hassán (1971b).

3.4.1 *Étymologie*

3.4.1.1 *Études d'étymologie portant plusieurs mots*

Les études d'étymologie comprennent, à la différence des études similaires consacrées au vocabulaire d'autres variétés de l'espagnol, de nombreuses considérations sur la diffusion du mot analysé dans les divers parlers judéo-espagnols et, très souvent, des indications sur les synonymes du mot respectif. Ce genre d'étude est illustré le mieux par un article (Wagner 1950a), qui se propose de compléter ce qu'on avait écrit jusqu'alors sur le lexique du judéo-espagnol, de rectifier diverses affirmations et d'expliquer une série de mots inconnus ou non-expliqués. Crews (1951) a fait de nombreuses mises au point en se fondant sur le parler de Salonique; cf. aussi Rohlfs (1952). Outre l'article Wagner (1950a) que nous avons déjà mentionné, on peut citer également les articles Crews (1955a; 1955-56 — voir les observations critiques de Wagner (1956); 1957; 1960 — voir les observations de Cocco (1962-63) et Sala

(1961b) et le compte rendu de Giese (1961); 1963). Dans ces articles sont expliqués des mots de tous les parlers judéo-espagnols (surtout des Balkans) et de différentes origines (espagnole, portugaise, hébraïque, arabe, turque, balkanique, italienne). Outre les observations d'orde étymologique, on y trouve des remarques sur l'évolution sémantique de ces mots, sur leurs dérivés et, comme nous l'avons précisé ci-dessus, des remarques sur les synonymes des mots discutés. C'est pourquoi les travaux mentionnés ont une grande importance également pour la connaissance de la structure du lexique contemporain du judéo-espagnol.

3.4.1.2 *Études sur un seul mot*

Il existe une série d'études où l'on explique ou on retrace l'histoire d'un mot ou d'une famille de mots: *abediguar* (Blondheim 1912); *alazare*, mis en liaison avec l'espagnol *alazán* (Armistead — Silverman 1968b); *amahar*, discuté dans le cadre du domaine hispanique par Harvey (1960); *ermoyo* et *esnoga*, analysés dans des articles séparés, Wagner (1948), Wagner (1923b) respectivement; *fendrís* et *endrís* sont expliqués dans Wagner (1954b) comme provenant de l'arabe; Steiger (1951) explique de la même manière *hec* et *eya velar*; a.esp. *yegüería* (Malkiel 1945a; Spitzer 1946; et Lecoy 1948) — le dernier dans le compte rendu de Malkiel; *ladino, aljamiado* (Cirot 1936); *meldar* 'lire' — un des mots les plus discutés: Spitzer (1921, 1927) sont deux articles consacrés exclusivement à ce mot; *saeta* (Alvar 1957, 1958); *sistrano* (Wagner 1954); *šavdu* (Bénichou 1948). Une place à part revient à Malkiel, qui analyse d'une manière détaillée, dans une série d'articles, l'origine et l'évolution de divers mots judéo-espagnols considérés dans l'ensemble du domaine hispanique: Malkiel (1945b) s'occupe de *aquexar*; Malkiel (1947) analyse la situation de *dezmazalado* (le mot a été discuté aussi par Spitzer 1947); Malkiel (1958): *judezno*; tandis que Malkiel (1954, 1945c) comprennent de nombreux autres mots judéo-espagnols considérés dans le cadre du reste du domaine hispanique (pour Malkiel (1954) on trouve des observations utiles dans Crews 1955c). C'est toujours Malkiel qui discute un ancien mot judéo-aragonais: *aladma, alama* (Malkiel 1946). Une situation à part présente le vocabulaire de la Bible analysé par Blondheim (1923, 1924a, 1924b, 1927), Morreale (1961, 1962a), Berenblut (1949-50), Berger (1899), Crews (1960), Gaspar Remiro (1914-18), Hauptmann (1942, 1949-50, 1950-51), R. Levy (1943, 1949-50, 1960), Sachs (1948-49), Solalinde (1929-30) et Wiener (1895-96).

3.4.1.3 *Travaux divers avec observations étymologiques*

On trouve également des observations à caractère étymologique dans des travaux qui ne se proposent pas de discuter exclusivement de telles questions. Elles apparaissent pour la plupart dans les monographies citées plusieurs fois (*2.2.1, 2.2.2.1 – 2.2.2.4*), dans les travaux d'ensemble (cf. *3.3.1*) tels que Wagner (1930a), Renard (1967) et dans certains compte rendus: Armistead – Silverman (1962a; compte rendu du livre d'Attias 1961); Crews (1953b; compte rendu de l'édition d'un texte médiéval espagnol, *Cancionero de Baena*); et Crews (1955b; compte rendu de l'édition de Tilander, *Los Fueros de la Novenera*).

3.4.1.4 *Formation des mots*

L'étymologie des mots formés à l'intérieur du judéo-espagnol, à l'aide de suffixes, de préfixes ou par composition peut être suivie, premièrement, dans les monographies discutées sous *2.2.2.1 – 2.2.2.4* lesquelles, dans la plupart des cas, ont des chapitres spéciaux consacrés à la formation des mots: Wagner (1914), Luria (1930a), Lamouche (1907), Subak (1906a), Simon (1920), Benoliel (1926-52), Agard (1950), Kraus (1951), Martínez Ruiz (1960), Crews (1935; cf. aussi le compte rendu de Wagner 1936), Bar-Lewaw (1968), K. Levy (1929), Stankiewicz (1964) et Wagner (1931). On trouve d'amples informations du même genre dans Wagner (1930a) et Renard (1967) et dans les diverses études d'étymologie. Parmi ces dernières nous relevons Wagner (1950a), un article fondamental pour la dérivation (on y discute souvent une série de mots rien que pour leurs dérivés), et les contributions de Crews (1955-56, 1957, 1960, 1961, 1962a). Dans toutes ces contributions on insiste sur les types de dérivation (suffixes et préfixes espagnols ajoutés à des thèmes espagnols ou étrangers, suffixes étrangers ajoutés à des thèmes espagnols), sur le grand nombre de formations nouvelles qui n'existent pas dans l'espagnol standard et sur la fréquence différente de certains affixes. D'autres observations apparaissent dans les diverses études mentionnées dans les autres parties de ce livre: Malkiel (1945c; le développement du suffixe *-antia, -entia* en judéo-espagnol), Malkiel (1958), Crews (1963, 1965, 1966; études intéressantes pour les dérivés de la terminologie médicale), Adams (1966-67; dérivés d'un dictionnaire trilingue, hébreu-espagnol-anglais, du 18e siècle), Berenblut (1949-50; dérivés de la terminologie des textes bibliques), Morreale (1963; dérivés d'un texte du 16e siècle).
　　Un article consacré spécialement à un problème de la formation des mots est Millàs Vallicrosa (1950). Quoiqu'on y discute les désinences adjectivales

romanes de l'onomastique sefardie d'avant l'exode d'Espagne, l'article n'est pas dépourvu d'intérêt pour la situation du judéo-espagnol.

3.4.1.5 *Anthroponymie*

L'article Millàs Vallicrosa (1950) que nous avons cité appartient aussi au domaine de l'anthroponymie. L'étymologie des noms de personnes a constitué également le sujet des articles signés par Roblin (1951) et Moskona (1967). Le premier comprend des observations sur l'origine ibérique de certains noms sefardis, tandis que le deuxième est une analyse du point de vue étymologique d'environ 300 noms de Bulgarie. Moskona (1971) comprend aussi une liste intéressante de noms d'origine hébraïque utilisés dans les proverbes sefardis de Bulgarie. Des considérations étymologiques sur les divers noms apparaissent aussi chez J. Cantera (1958, observations générales), Estrugo (1958a; noms d'origine ibérique et hébraïque), Franco (1897; noms grecs et des askenazim, chez les Sefardim), Baruch (1930; la conversation des noms féminins espagnols).

Une série de travaux comprennent des listes avec les noms qui circulaient dans les diverses communautées sefardies des siècles passés: Molho (1949, 1953; les noms qui apparaissent sur les pierres tombales du cimetière de Salonique), Alkalaj (1929-30; Serbie, 19e siècle), Kečkemet (1971; Split, 17-18e siècle), Šundrica (1971) et Orlić (1971), A. Lévi (1930; Bayonne), Modona (1887; les exilés sefardis arrivés en Italie). Le plus souvent, ces listes sont accompagnées de certaines observations étymologiques, tout comme les études cités dans la section consacrée à la structure du judéo-espagnol (*2.1.3.3*).

3.4.2 *L'élément espagnol*

3.4.2.0 *Considérations préliminaires*

Le lexique d'origine espagnole a été discuté surtout sous deux aspects: le premier se réfère au fait que le judéo-espagnol conserve une série de mots disparus de la norme de l'espagnol contemporain standard, le deuxième, aux innovations subies par les mots espagnols.

3.4.2.1 *Archaïsmes*

Le problème des archaïsmes du judéo-espagnol n'a pas été abordé dans une étude à part. Comme beaucoup des problèmes mentionnés jusqu'ici, il a été abordé dans les travaux d'ensemble (cf. *3.1.1*) — Wagner (1930a) et Renard (1967) — et dans quelques chapitres, consacrés aux archaïsmes lexicaux, de diverses monographies. D'après leur importance, celles-ci sont les suivantes: Luria (1930a), Wagner (1914; il faut le consulter avec les observations de Yahuda 1915), Umphrey — Adatto (1936), Hirsch (1951), Lamouche (1907), Agard (1950), Simon (1920), Crews (1935), Bar-Lewaw (1968), Baruch (1930; surtout pour les aspects sémantiques) et Sala (1959). Des autres travaux qui traitent du problème discuté, nous rappelons: Luria (1954; une analyse des archaïsmes conservés en judéo-espagnol et en espagnol mexicain), Adams (1966-67; archaïsmes d'un dictionnaire trilingue du 18e siècle), Estrugo (1958a; une liste assez longue contenant un matériel désorganisé), Grünbaum (1896; une liste d'archaïsmes des textes anciens en judéoespagnol), Wiener (1895-96; archaïsmes de la Bible de Ferrare), Morreale (1963; faits d'un rituel redigé en *ladino* en 1552), Bénichou (1945; archaïsmes conservés dans les romances marocaines) et Benarroch (1970; archaïsmes conservés dans le langage quotidien du Maroc). Le plus souvent les mots archaïques sont présentés sous forme de listes (parfois elles sont sélectives, enregistrant seulement les mots les plus fréquents), sans trop de commentaires sur la position de ces mots dans la structure du lexique judéo-espagnol, sur la présence de synonymes qui pourraient les concurrencer, sur les domaines d'activité auxquels appartiennent ces archaïsmes (on a précisé certaines choses quand on a analysé l'aspect écrit, le *ladino*, qui conserve des mots disparus du langage courant), etc. Un essai de ce genre est Sala (1970b), qui affirme que, à la différence de l'espagnol d'Amérique, en judéo-espagnol les archaïsmes appartiennent très souvent au vocabulaire actif.

3.4.2.2 *Innovations*

En étudiant les diverses innovations on peut établir plusieurs types. Les plus fréquents sont les élargissements et les restrictions de sens, signalés dans toutes les monographies discutées ou dans les divers articles sur l'étymologie. L'évolution sémantique de certains mots espagnols est mentionnée également dans les travaux tel que Hassán (1966a), qui fait connaître les sens nouveaux enregistrés dans le langage des périodiques judéo-espagnols. On a souligné que certaines des modifications sémantiques discutées pourraient être dues à l'isolement du judéo-espagnol. Certaines autres peuvent être mises en liaison avec l'influence des langues avec lesquelles l'idiome dont nous nous occupons est venu en contact. Wagner (1954a) est un article consacré spécialement aux calques sémantiques dus à l'influence des langues balkaniques. On a insisté aussi sur les calques sémantiques dus à l'hébreu, plus fréquents dans la langue des textes réligieux. On en trouve de nombreux exemples pris de deux textes de la fin du 19e siècle dans Gaspar Remiro (1914-18); Berenblut (1949-50) et Wiener (1895-96) révèlent certains calques des versions de la Bible. La disparition de certains mots espagnols est aussi une innovation. On a mis en évidence le fait que le fonds espagnol des parlers d'Orient s'est appauvri à la longue à cause de l'isolement du reste du domaine espagnol: beaucoup de mots ont été oubliés, étant remplacés par des mots balkaniques. Généralement, se sont conservés les mots qui se réfèrent à la vie intime, aux mœurs traditionnelles et ont disparu les mots liés à la vie rurale. Wagner (1950a) remarque la conservation de certains mots espagnols peu communs, qui apparaissent surtout dans les parlers isolés de Bosnie et Bulgarie. Les problèmes du fonds espagnol ont été discutés surtout chez Wagner (1923a, 1930a, 1950a), Crews (1935) et Yahuda (1915).

Des innovations de type spécial sont celles qui portent sur la modification ou le remplacement de certains mots des créations folkloriques sefardies. Armistead – Silverman (1965b) s'occupe de la manière dont ont été éliminés du romancero une série de mots espagnols qui se réfèrent au christianisme, remplacés par des mots hébreux ou balkaniques (grecs et turcs). Alvar analyse divers changements du lexique de la poésie folklorique du Maroc: des mots insuffisamment connus remplacés par d'autres, qui leur ressemblent du point de vue phonétique (Alvar 1963); la création d'un nouveau matériel lexical conforme aux nécessités du parallélisme selon lequel sont structurées les chansons de noces (Alvar 1966a, 1971); des mots archaïques remplacés par des formes modernes (Alvar 1956).

3.4.2.3 Mots dialectaux espagnoles

Les mots dialectaux espagnols ont été discutés dans presque tous les travaux présentés jusqu'ici, monographies ou travaux d'ensemble. Tout comme pour les mots d'origine portugaise on a insisté sur le fait que certains mots espagnols dialectaux (surtout ceux des dialectes léonais et aragonais) se sont répandus dans tous les parlers judéo-espagnols, tandis que d'autres apparaissent seulement dans certaines régions.

3.4.2.4 *Espagnol contemporain*

Le judéo-espagnol de Maroc, qui a gardé le contact avec l'espagnol contemporain, en a été influencé et de ce fait certains mots dialectaux en sont éliminés. Voir des détails sur ce phénomène chez Alvar (1953, 1969a, 1956, 1971), Bénichou (1948), Hassán (1968) et Quilis (1969).

3.4.3 *L'élément hispanique*

Nous présentons ci-dessous les mots portugais et catalans.

3.4.3.1 *L'élément portugais*

L'élément portugais a été discuté spécialement dans un article de synthèse de Wagner (1950b) et d'une manière plus détaillée dans l'article – compte rendu de Yahuda (1915) et dans la réponse de Wagner (1923a). Outre ces titres, il y a surtout des travaux qui comprennent des inventaires des mots portugais du judéo-espagnol, considéré d'une manière générale (Wagner 1930a, Renard 1967, Galante 1927, Estrugo 1958 – ce dernier à consulter prudemment) ou du point de vue de certains parlers (Crews 1935, Luria 1930a, Wagner 1924c, K. Levy 1929, Hirsch 1951, Simon 1920, Bar-Lewaw 1968, Subak 1906a).

L'inventaire des mots portugais varie d'un auteur à l'autre car il est souvent difficile de préciser s'il s'agit d'un mot portugais ou d'un mot espagnol dialectal. Les discussions sur l'appartenance à l'un ou à l'autre de ces deux types d'idiomes n'ont pas mené à un consensus unanime. Cf., par exemple, le cas de Wagner (1923a), qui revient sur certaines étymologies plus anciennes de Wagner (1914). Jusqu'ici, on n'a pas réalisé une étude avec des appréciations qualitatives sur la position de ces mots portugais considérés dans le cadre général du lexique judéo-espagnol. On a montré seulement que certains mots portugais se sont répandus dans tous les parlers judéo-espagnols, tandis que d'autres apparaissent seulement dans certains parlers (surtout dans ceux de la Bosnie); Sala (1965a) considère que l'élément portugais est faiblement représenté dans la norme du judéo-espagnol.

Pour les informations sur les mots portugais on peut consulter également d'autres travaux: Adams (1966-67), les termes portugais d'un dictionnaire trilingue, hébreu-espagnol-anglais, publié à Londres au 18e siècle; Morreale (1963), quelques mots portugais d'un rituel publié à Venise en 1552; Glaser (1956), des mots du romancero judéo-espagnol. Dans les discussions étymologiques des articles Wagner (1950a) et Crews (1955-56, 1957, 1961) ont été mis en discussion certains termes d'origine portugaise.

3.4.3.2 *L'élément catalan*

L'élément catalan n'a pas fait l'objet d'une étude spéciale. Les seules considérations un peu plus amples apparaissent dans Yahuda (1915) et Wagner (1923a, 1930a); le premier croit que le nombre de catalanismes est grand, tandis que le deuxième est plus sceptique. Sala (1965a) considère que l'élément catalan est inexistant dans la norme du judéo-espagnol. Certains mots catalans sont expliqués dans les articles d'étymologie ou dans les monographies (dans ce dernier cas, on ne le fait pas dans des chapitres à part).

3.4.4 *L'élément arabe*

3.4.4.1 *Ensemble du domaine judéo-espagnol*

La question de l'élément arabe du judéo-espagnol a été surtout traitée par Wagner qui dans un article bien connu (Wagner 1920a) a fait une présentation d'ensemble du problème insistant sur certains mots qui auraient existé chez les Juifs d'Espagne et qui auraient manqué chez les Chrétiens. Le même sujet est étudié dans le bref article K. Levy (1931a). Outre ces articles on pourrait citer d'autres ouvrages, des monographies ou des ouvrages d'ensemble qui comprennent des inventaires de mots arabes ou qui, en étudiant d'autres problèmes, se rapportent aux arabismes du judéo-espagnol. Mentionnons, dans ce sens, les titres suivants: Wagner (1930a), Renard (1967), Marcus (1962), Wagner (1914), Yahuda (1915), Molho (1960), Crews (1935), Luria (1930a), Bar-Lewaw (1968), Hirsch (1951). Une place à part revient à Crews (1955a; article où l'on discute l'origine de certains termes d'origine arabe ou hébraïque) et à Armistead – Silverman (1970b; étude sur quelques arabismes du réfranero sefardi). (Cf. aussi Armistead – Silverman 1970a.) Van Wijk (1971) discute l'origine arabe du judéo-espagnol *con bien*.

Dans les ouvrages mentionnés ci-dessus on donne l'inventaire des mots arabes du judéo-espagnol (le plus souvent on donne les mots les plus fréquents, qui sont, en fait, assez peu nombreux). Un problème souvent débattu est celui qui se rapporte aux voies de pénétration des arabismes en judéo-espagnol. On estime généralement qu'ils ont été directement empruntés à l'arabe, avant la retraite des Sefardim d'Espagne (il y en a qui pensent (K. Levy, Marcus) que ce sont ces mots qui président à la différence visible entre le parler des Juifs et celui des Chrétiens). On a émis aussi l'opinion, soutenue surtout par Molho, que les arabismes sont entrés en judéo-espagnol par l'intermédiaire du turc. Cette idée est renforcée par Armistead – Silverman, qui, à leur tour, estiment que beaucoup d'arabismes ont pénétré par la voie turque.

Pour les arabismes des siècles passés on peut consulter les articles de Crews: Crews (1967; pour la fin du 16e siècle, avec un texte de Constantinople), Crews (1970; avec un manuscrit du même siècle qui renferme des ordonnances médicales) et Crews (1963, 1965) qui comprend des arabismes d'un texte du 15e siècle, antérieur à la retraite des Sefardim d'Espagne.

3.4.4.2 *Parlers marocains*

Une place à part est occupé par l'étude des arabismes dans les parlers marocains qui sont toujours restés en contact avec l'arabe. Cet aspect de la recherche des arabismes apparaît dans les monographies de Benoliel (1926-52; à consulter avec les remarques de Wagner 1931), Bénichou (1945), Alvar (1953, 1969a; cf. le compte rendu D. Romano 1956) et Alvar (1971) et dans les études de Castro (1922), Martínez Ruiz (1963a, 1963b, 1966), Hassán (1968) et Benarroch (1970). On trouve les analyses les plus complètes chez Bénichou (1945) et chez Martínez Ruiz (1966). Dans le premier ouvrage on traite de l'adaptation des arabismes au système de l'espagnol ainsi que des contextes où les mots arabes sont employés et dont les termes espagnols sont exclus. Dans le deuxième, consacré exclusivement à l'étude des arabismes, l'auteur s'arrête sur l'élément arabe d'Alcazarquivir en tenant compte de deux aspects de la langue: l'aspect parlé et l'aspect employé dans la poésie traditionnelle. Alors que la poésie traditionnelle conserve les éléments hispano-arabes, la langue vivante comprend beaucoup d'éléments de l'arabe marocain. Dans cet article fondamental, l'auteur étudie par le menu, en s'appuyant sur des listes très riches, différentes catégories de mots empruntés à l'arabe. Les autres ouvrages cités renferment des inventaires des arabismes (le plus ample est sans doute Benoliel (1926-52) qui approfondit le problème par des observations portant sur la façon d'employer les termes arabes afin de créer d'importantes distinctions synonymiques), des remarques sur l'adaptation des arabismes au système espagnol, ainsi que des indications de nature étymologique. Benarroch (1970) et Wagner (1931) comparent aussi les arabismes du Maroc à ceux d'Orient. Une situation spéciale est présentée dans l'article d'Alvar (1963) où l'on analyse les modifications subies par un mot arabe (*ǧabba*) d'une poésie recueillie à Tétouan. Pour des discussions concernant le même mot voir I.J. Lévy (1967). Armistead — Silverman (1972a) discute l'évolution sémantique de *reinado*, un calque de l'arabe dans le judéo-espagnol marocain.

3.4.5 L'élément hébreu

3.4.5.1 Ensemble du domaine judéo-espagnol

On n'a pas écrit une étude d'ensemble consacrée à l'élément hébreu du judéo-espagnol; les trois articles (F. Cantera 1954, Crews 1962b et Moskona 1971) qui s'arrêtent exclusivement sur les problèmes de l'influence hébraïque discutent seulement certains aspects de la question. Ainsi F. Cantera (1954) étudie environ 100 termes hébreux que l'on peut rencontrer dans la poésie traditionnelle espagnole (surtout dans le romancero) et il donne à la fois des informations étymologiques et concernant la diffusion des mots en question dans les diverses variantes des textes folkloriques respectifs. Crews (1962b) s'occupe de l'adaptation phonétique et morphologique des mots hébreux à la structure espagnole de l'idiome dont nous nous occupons. Les observations de l'auteur sont fondamentales pour n'importe quelle recherche future. Galante (1952), qui s'occupe aussi de la prononciation sefardi de l'hébreu, doit être consultée avec précaution. Moskona (1971) comprend une liste de plus de 330 termes d'origine hébraïque présentés dans différents contextes.

Dans les ouvrages d'ensemble et dans les monographies, on trouve des aspects de l'influence hébraïque sur les parlers judéo-espagnols soit dans des chapitres spéciaux, soit dans les diverses considérations du texte. Mentionnons, parmi les premiers: Wagner (1930a) avec les observations critiques de K. Levy (1931b) et de Blondheim (1931), Révah (1970), Renard (1967), Wagner (1909a); et, parmi les monographies: Wagner (1914), Luria (1930a), Benoliel (1926-52), toutes les trois contenant d'amples listes; Lamouche (1907), Simon (1920), K. Levy (1929), Crews (1935), Bar-Lewaw (1968), Agard (1950), Hirsch (1951), Stankiewicz (1964), Baruch (1930), Subak (1906b), Wagner (1924a, 1931). On peut ajouter quelques ouvrages de vulgarisation: Estrugo (1958a), J. Cantera (1958), Baruch (1923, 1935), Molho (1964).

Tous ces ouvrages comprennent l'inventaire des mots hébreux des parlers analysés et étudient les causes qui ont facilité la portée de l'influence hébraïque, les domaines d'activité où le nombre d'hébraïsmes est plus élevé (il s'agit des dénominations liturgiques et rituelles, de la vie morale et émotionnelle), l'adaptation des termes hébreux au système espagnol et les influences sémantiques exercées sur les mots espagnols. Mais on fait rarement des précisions sur la position des mots hébreux dans la structure du vocabulaire judéo-espagnol, sur leur distribution, sur la concurrence des autres synonymes (on remarque uniquement que le *ladino* est beaucoup plus influencé que le langage courant mais on ne donne que trop peu de détails sur cette particularité). L'un des problèmes débattus est celui du fonds de mots hébreux que les

Sefardim possédaient avant de quitter l'Espagne. Un aspect intéressant est mis en relief par Hassán (1968): les éléments hébreux deviennent des éléments dialectaux par rapport à l'espagnol littéraire et ils se conservent mieux dans le langage affectif.

L'inventaire des mots hébreux contenu dans les ouvrages ci-dessus mentionnés comprend surtout les termes les plus fréquents. Beaucoup plus intéressants, à ce point de vue, sont les débats étymologiques sur une série de mots d'origine hébraïque moins connus. A ce propos, on signale les articles de Crews (1955a, 1957; à consulter avec les observations de Cocco 1962-63), Crews (1961; tous consacrés exclusivement à l'analyse étymologique de quelques mots hébreux) ainsi que Crews (1955-56, 1953b, 1960) et Wagner (1950a).

De nombreux mots hébreux sont expliqués dans les notes et dans les glossaires qui accompagnent divers textes. À l'encontre des explications des notes étymologiques, ces notes et glossaires expliquent sommairement les mots les plus fréquents. À remarquer, dans ce sens: Molho (1960), avec un riche glossaire de mots hébreux; Molho (1950), qui les mentionne dans le texte même de l'exposition consacrée aux coutumes de Salonique; et Crews (1962a). Pour les mots hébreux des textes folkloriques en général, citons les notes: Elnecavé (1963-65), Martínez Ruiz (1963a, 1963b) et Wiener (1903); pour les romances: Armistead – Silverman (1960a, 1963-64), Danon (1896), Galante (1903); pour les proverbes: Besso (1935, 1948), Foulché-Delbosc (1895), Galante (1902), Hutchings (1952), Luria (1933), Saporta y Beja (1957); pour les chansons de noces et les complaintes: Alvar (1971; 1953, 1969a – cf. le compte rendu D. Romano 1956).

La remarque faite au début de ce paragraphe est valable aussi pour les vieux textes judéo-espagnols dont les commentaires contenus dans les notes renferment des informations sur les hébraïsmes du judéo-espagnol. On peut signaler à ce sujet Gaspar Remiro (1914-18), qui analyse les mots hébreux et les mots espagnols dont le sens s'est modifié sous l'influence hébraïque, mots dépouillés d'un traité talmudique édité à Salonique (1893) et de la Bible de Constantinople (1873). De la même importance sont: Crews (1960) et Gonzalo Maeso – Pascual Recuero (1964), deux ouvrages qui étudient les hébraïsmes de la célèbre œuvre à caractère encyclopédique *Me'am Lo'ez*. Citons également: Grünbaum (1896; avec des textes variés), K. Levy (1929; contenant des textes du *ladino* du 17ᵉ siècle), Wiener (1895-96; avec la Bible de Ferrare), Crews (1967; avec un texte de Constantinople datant de 1600 environ), Corré (1968; avec un texte de Corfou datant du 17ᵉ siècle), Adams (1966-67; dictionnaire trilingue du 18ᵉ siècle), Morreale (1963; rituel de Venise datant de 1552), Hauptmann (1949-50, 1950-51) et Berenblut (1949-50; renfermant diverses traductions de la Bible), Solalinde (1929-30; contenant des mots hébreux de la Bible désignant des noms d'animaux). Crews (1963) présente aussi de l'intérêt par les mots hébreux contenus dans un texte antérieur à l'expulsion des Sefardim d'Espagne.

3.4.5.2 Parlers d'Israël

Une situation toute à fait différente est celle du judéo-espagnol d'Israël qui, pareillement aux parlers marocains demeurés en contact permanent avec l'arabe, est à présent fortement influencé par l'hébreu. Kraus (1951) et Casartelli (1961) mettent en évidence le fait que le judéo-espagnol est même abandonné sous la pression de l'hébreu.

3.4.6 L'élément turc

L'apport de l'élément turc à l'enrichissement du lexique judéo-espagnol a constitué deux études spéciales: Danon (1903-04; à consulter avec les observations de Wagner 1909a) et Danon (1913). Dans la première, on fait une analyse des domaines d'activité où la terminologie turque est plus puissante, en insistant sur l'ancienneté de cette influence (on cite) le témoignage des textes juridiques). Les considérations générales semblent se rapporter à la situation de tout l'Empire ottoman à l'époque, bien que les très nombreux exemples soient pris d'Adrianople. La liste de mots, ordonnés alphabétiquement, comprend aussi des expressions et des proverbes turcs et de ce fait elle constitue le plus riche inventaire des mots turcs du judéo-espagnol mais, malheureusement, elle est dépourvue d'indications sur leur emploi. Le deuxième article, qui n'est qu'un commentaire du premier, discute l'adaptation phonétique et morphologique des mots turcs et analyse les domaines d'activité où s'est le plus fortement manifestée l'influence turque. Bien qu'il ne soit pas exclusivement consacré à l'influence turque, nous signalons ici, comme une excellente synthèse, le chapitre de la monographie Wagner (1914) sur le judéo-espagnol de Constantinople, et, au point de vue théorique, citons Wagner (1923a), qui répond à la critique de Yahuda (1915). Mentionnons l'article Armistead − Silverman (1970a) traitant des mots turcs pénétrés dans le romancero sefardi.

Vu qu'elle est l'une des plus fortes influences sur le judéo-espagnol, l'influence turque est mentionnée dans la plupart des ouvrages d'ensemble ou dans les monographies: Wagner (1930a); pour certaines explications voir aussi K. Levy (1931b), Wagner (1909b), Renard (1967), Luria (1930a), Subak (1906a, 1906b), Crews (1935), Wagner (1924a), Lamouche (1907), K. Levy (1929),

Stankiewicz (1964), Baruch (1930), Bar-Lewaw (1968), Agard (1950), Hirsch (1951), Luria (1930b), Simon (1920), Subak (1910). On peut ajouter Baruch (1923, 1935) et Molho (1964) comme ouvrages de vulgarisation.

Ces contributions contiennent l'inventaire des mots turcs, parfois avec des indications concernant les domaines d'activité les mieux représentés. Tout comme dans le cas de l'élément hébraïque, on a accordé de l'attention au problème de l'adaptation phonétique et morphologique des mots turcs à la structure espagnole (surtout Danon, Wagner, Crews). Dans quelques-unes de ces contributions est traitée la question des calques sémantiques dus à la langue turque (Wagner 1954a est un article qui s'arrête expressément sur ce problème). Même dans le cas de l'influence turque on n'a fait que très rarement des appréciations de nature qualitative: il y a peu d'indications concernant les contextes où s'emploient ou peuvent s'employer les mots turcs; il existe également très peu de précisions portant sur la concurrence entre les mots turcs et les mots espagnols ou d'autre origine (on rencontre quelques observations chez Wagner 1909a, 1923a). On a aussi insisté sur les voies de pénétration des mots turcs dans les parlers judéo-espagnols d'Orient: dans la plupart des cas ils sont entrés directement du turc (surtout du langage populaire), quoique, maintes fois, certaines caractéristiques phonétiques et morphologiques renvoient à un intermédiaire balkanique, surtout dans le cas des mots analysés par Baruch (1930) et Stankiewicz (1964) (le problème apparaît aussi chez Sala 1968a). Stankiewicz attire également l'attention sur le fait que, ces dernier temps, dans les parlers de Yougoslavie, il existe une tendance à remplacer les mots turcs par des éléments croates ou allemands. C'est une subtile remarque que celle de Armistead — Silverman (1965b) lorsqu'ils mettent en évidence, dans le romancero, le fait que les mots turcs remplacent les mots espagnols concernant le christianisme.

De nombreux mots turcs et non pas des plus connus — tout comme dans le cas de l'élément hébraïque — sont discutés dans les articles d'étymologie: Wagner (1950a), Crews (1960, 1955-56, 1957, 1961) et dans le compte rendu de Farhi (1938) sur Crews (1935). Dans le même sens nous rappelons l'article Armistead — Silverman (1968a) qui analyse un mot turc introduit dans le romancero sefardi, et un article de Wagner (1961) où l'on explique de nombreux mots turcs figurant dans le cancionero de B. Uziel. Dans les contributions de Crews et de Wagner on donne non seulement des explications étymologiques mais aussi des informations concernant les synonymes des mots analysés et même des précisions quant aux contextes où apparaissent généralement ces mots turcs.

Les mots turcs sont expliqués aussi dans les notes et les glossaires des diverses collections de textes. Les indications étymologiques peuvent varier dans ces cas depuis l'indication étymologique précise jusqu'aux vagues informations qu'il s'agit d'un mot turc. Parmi les glossaires les plus importants nous rappelons: Molho (1960, 1950) et les travaux de Galante cités sous *1.1.4.2.* Pour les mots turcs des textes folkloriques nous retiendrons: Elnecavé (1963-65), Armistead — Silverman (1968c; avec des explications pour les mots turcs de Alvar 1966a), Crews (1962a), Wiener (1903); pour les romances: Armistead — Silverman (1960a, 1963, 1964b; romances recueillies aux E.U.A.), Armistead — Silverman (1962a; romances publiées par Attias 1961), Armistead — Silverman (1966a; romances recueillies par Yoná), Armistead — Silverman (1971a; pour la Bosnie), Armistead — Silverman (1970d; ballades d'Orient), Galante (1903) et Danon (1896; romances recueillies en Orient); pour les proverbes: Danon (1903), Besso (1935, 1948), Foulché Delbosc (1895), Galante (1902), Hutchings (1952), Saporta y Beja (1957), Armistead — Silverman (1970b), Luria (1933).

Des informations sur les mots turcs apparaissent aussi dans les commentaires aux textes anciens, par exemple: dans l'anthologie Grünbaum (1896); dans les observations sur les pièces de théâtre judéo-espagnoles d'Orient datant des 19e et 20e siècles (Romero 1971a); dans les considérations en marge des manuscrits contenant des ordonnances médicales citées par Crews: l'un de 1600 (Crews 1967) et l'autre du 16e siècle (Crews 1970). Les deux articles sont importants pour les premières attestations de quelques mots turcs du judéo-espagnol. Tout aussi intéressant est un article de Crews (1963) où elle analyse un nombre de mots espagnols employés dans un texte du 15e siècle, et qui sont remplacés aujourd'hui par des mots turcs dans les parlers judéo-espagnols.

3.4.7 *L'élément italien*

Il n'y a aucune étude spéciale consacrée à ce problème. Il existe une ample discussion de principe dans la critique de Yahuda (1915) à la monographie Wagner (1914) et dans la réponse, fréquemment citée (Wagner 1923a). Dans les deux articles on aborde deux aspects fondamentaux de l'influence italienne: les voies de pénétration des éléments italiens et leur origines géographiques. Yahuda estime que les termes italiens ont pénétré directement en judéo-espagnol (et même qu'ils ont été empruntés à l'italien par les turcs et les grecs), tandis que Wagner soutient le contraire, en démontrant par le traitement phonétique des mots judéo-espagnols d'origine italienne qu'ils ont pénétré par l'intermédiaire du grec ou du turc. Quant au deuxième aspect, on souligne la contribution des divers dialectes italiens, notamment du dialecte vénitien, à l'enrichissement du lexique judéo-espagnol.

Dans les études d'ensemble et dans les monographies il y a des chapitres où l'on présente le plus souvent – seulement sous forme d'inventaire – les mots italiens du judéo-espagnol. Nous rappelons, dans l'ordre de leur importance, les ouvrages suivants: Luria (1930a), Wagner (1914), Renard (1967), Wagner (1909a, 1909b), Baruch (1930), Crews (1935), Lamouche (1907), Giese (1956), K. Levy (1929), Simon (1920), Molho (1960), Subak (1906a, 1906b), Agard (1950), Hirsch (1951), Bar-Lewaw (1968), Molho (1964). Les observations de Baruch sont intéressantes; elles portent sur l'ancienneté de l'influence italienne, ce qui expliquerait l'absence de synonymes espagnols pour ces mots italiens, dans le parler de Bosnie.

On trouve des observations plus intéressantes encore, concernant quelques mots italiens, dans trois articles étymologiques (Wagner 1950a; Crews 1955-56, 1960). Sur les éléments italiens des pièces de théâtre judéo-espagnoles de l'Orient des 19e et 20e siècles on trouve des informations chez Romero (1971a); sur les éléments italiens d'un rituel vénitien de 1552 il y a des détails chez Morreale (1963). On trouve aussi des éléments italiens chez Wagner (1930a), Crews (1962a) et Danon (1903). Enfin, nous signalons l'article de Besso (1970), qui considère que l'influence italienne est responsable de la décadence de l'idiome dont nous nous occupons.

3.4.8 L'élément balkanique

3.4.8.0 Mots généraux balkaniques

L'influence des langues balkaniques (le néo-grec, le bulgare, le serbo-croate et le roumain) a été envisagée soit dans les travaux de synthèse, où l'on analyse les mots généraux balkaniques existant aussi dans le judéo-espagnol, soit dans les travaux déjà mentionnés, où l'on analyse l'influence de l'une de ces quatre langues sur le judéo-espagnol. Sala (1968a) consacre un article précisément aux éléments lexicaux balkaniques du judéo-espagnol où il présente des mots – le plus souvent d'origine turque – employés dans différents domaines d'activité et qui existent dans diverses langues balkaniques. L'auteur met en évidence le fait que ces mots ont souvent remplacé les mots d'origine arabe de l'espagnol apporté dans la Péninsule Balkanique; voir aussi le compte rendu de Botton Burlá (1971). Les éléments balkaniques du judéo-espagnol ont été évoqués aussi dans d'autres travaux comme: Wagner (1930a; à consulter avec les mises au point du compte rendu de Iordan 1934), Stankiewicz (1964), Crews (1935), Renard (1967), Wagner (1954a), Correa Calderón (1963), et dans les étymologies de Wagner (1950a). Deux aspects ont surtout été soulignés dans ces contributions: l'emprunt de quelques mots, de quelques types lexicaux, qui dénomment des réalités propres aux pays balkaniques et l'emprunt d'un sémantisme répandu dans toutes ou presque toutes les langues balkaniques. Wagner (1954a) est consacré à ce dernier aspect.

3.4.8.1 Mots néo-grecs

Pour le néo-grec il faut retenir l'article spécial de Danon (1922), où sont présentés les mots néo-grecs les plus répandus du judéo-espagnol. Pour la même langue on peut consulter aussi les observations chez Wagner (1909b, 1914, 1930a, 1924a, 1923a), Luria (1930a), Renard (1967), Crews (1935, 1967), Simon (1920), Bar-Lewaw (1968) et Molho (1960). Grünbaum (1896) cite quelques mots grecs de vieux textes judéo-espagnols et Danon (1903) explique ceux de la collection de proverbes qu'il publie. Armistead – Silverman (1965b) remarquent que quelques mots grecs remplacent, comme les mots turcs, les mots espagnols qui se rapportent au christianisme.

En ce qui concerne les voies de pénétration des mots grecs, nous relevons l'observation de Wagner (1930a), qui estime qu'un grand nombre de ces mots ont été conservés de la langue des Juifs grecs qui ont adopté l'espagnol. Le reste a été directement emprunté au néo-grec.

3.4.8.2 Mots bulgares

L'influence bulgare a été étudiée par Altbauer (1955-56), article basé sur les informations obtenues d'un vieillard venu de Bulgarie et établi en Israël. L'auteur souligne les domaines où l'influence bulgare s'est manifestée le plus fortement et fait d'intéressantes observations concernant l'emploi des éléments des deux langues (le bulgare et l'espagnol) par les Sefardim bilingues. On trouve des informations sur la même influence chez Mézan (1925; matériel riche), Wagner (1950a, 1924a), Subak (1910) et Renard (1967).

3.4.8.3 Mots serbo-croates

Pour le serbo-croate on doit consulter tout d'abord Stankiewicz (1964). Dans cet article, de même que dans la monographie Baruch (1930), on insiste sur les catégories des mots empruntés (parfois les emprunts serbo-croates constituent les termes d'une série synonymique entre lesquels on remarque des différenciations sémantiques), sur le fait que le serbo-croate a servi d'intermédiaire à d'autres influences (balkanique, allemande), sur les contextes et les catégories de personnes qui emploient les termes serbo-croates et sur leur adaptation à la structure du judéo-espagnol. Ce dernier aspect, analysé aussi par Wagner (1954a), a été développé chez Stankiewicz (1964), qui précise que les termes sans équivalent espagnol se sont mieux encadrés dans le vocabulaire judéo-espagnol (Baruch 1930 montre que, dans le processus d'adaptation, il se produit de nombreuses contaminations entre les mots espagnols et les mots serbo-croates).

On trouve des informations sur les mots serbo-croates chez Luria (1930a), Wagner (1909b) et Crews (1935). S. Kamhi (1966) cite une série de termes serbo-croates qui, pendant l'entre-deux-guerres, étaient employés comme synonymes des mots espagnols.

3.4.8.4 *Mots roumains*

Pour le roumain, les premières considérations, sommaires, se trouvent chez Subak (1910). Crews (1935) cite dans des notes beaucoup de mots roumains relevés dans les textes recueillis à Bucarest (dans l'introduction on analyse l'opinion de Wagner (1909a) concernant la langue employée à Bucarest). Dans les ouvrages de l'auteur de ce livre (Sala 1971, 1965b, 1962a, 1961a, 1962b) sont également cités de nombreux termes roumains. Aucun de ces travaux ne s'est proposé de donner un inventaire complet des mots roumains du parler de Bucarest.

3.4.9 *L'élément français*

Kolomonos (1963) et Renard (1961) sont deux articles consacrés spéciale-ment à ce problème. Dans le premier on analyse l'influence française sur le judéo-espagnol de Bitola et de Skopje, et dans le deuxième la situation de Constantinople, sur la base d'un texte de journal. Kolomonos distingue deux catégories de mots: mots employés par tous les locuteurs et mots employés dans certains styles seulement, par les intellectuels qui ont reçu une éducation française. Dans le parler de Skopje l'influence française n'est pas directe, mais se fait sentir par l'intermédiaire des autres parlers.

On trouve des informations concernant l'influence française aussi dans d'autres études déjà analysées: Yahuda (1915) et Wagner (1923a) ont évoqué les voies de pénétration et la force de cette influence. Farhi (1937) fait une présentation intéressante de la situation de Constantinople. Besso (1963b, 1967, 1970) et Jopson (1936) soulignent l'importance de l'influence française sur l'enrichissement du lexique judéo-espagnol et ses conséquences pour la disparition du *ladino*.

Dans les divers travaux d'ensemble ou dans des monographies on trouve des listes avec l'inventaire des mots français les plus fréquents des parlers judéo-espagnols. On peut citer dans ce sens Wagner (1909b, 1930a), Renard (1967), Molho (1960, 1964), Wagner (1914), Luria (1930a), Crews (1935), Baruch (1930), K. Levy (1929), Lamouche (1907), Bar-Lewaw (1968), Agard (1950), Hirsch (1951) et Kraus (1951). Généralement, on montre que les mots respectifs ne sont pas employés par tous les Sefardim. Chez Elnecavé (1963-65) et Wagner (1950a) on trouve des inventaires contenant un nombre réduit de mots français. Romero (1971a) s'occupe de l'influence française dans les pièces de théâtre judéo-espagnoles d'Orient datant des 19ᵉ et 20ᵉ siècles.

3.4.10 *Autres éléments*

3.4.10.0 *Considérations préliminaires*

Nous avons groupé dans la même catégorie les influences de moindre importance: yiddish, anglaise, allemande. Les considérations concernant l'influence de ces langues n'apparaissent pas dans des articles séparés, mais sont répandu fragmentairement dans certains des travaux mentionnés jusqu'ici.

3.4.10.1 *Yiddish*

Les mots empruntés de l'yiddish apparaissent dans quelques-unes des notes d'un livre de Crews (1935) et dans l'article Wagner (1950a). Bar-Lewaw (1968) en cite quelques-uns du patois de Atlanta et Montgomery.

3.4.10.2 *Anglais*

L'influence anglaise est plus forte dans les pays de langue anglaise. Bar-Lewaw (1968), Barocas (1969) et Hirsch (1951) citent des exemples des États-Unis et Adams (1966-67) présente l'influence anglaise en se fondant sur un dictionnaire trilingue paru à Londres au 18ᵉ siècle.

3.4.10.3 *Allemand*

L'influence allemande s'est fait sentir surtout en Yougoslavie. Subak (1910) et Luria (1930a) en donnent quelques exemples et Stankiewicz (1964) montre que les termes allemands commencent à remplacer les termes turcs du judéo-espagnol de Yougoslavie.

3.4.11 *L'influence du judéo-espagnol sur les diverses langues*

3.4.11.0 *Considérations préliminaires*

Le contact entre le judéo-espagnol et les langues avec lesquelles il est entré en contact présente un autre aspect, non moins intéressant, pour l'histoire du vocabulaire judéo-espagnol. Il s'agit de l'influence de l'idiome dont nous nous occupons sur le judéo-portugais, sur les langues balkaniques ou sur le yiddish d'Israël.

3.4.11.1 *Portugais*

Les rapports réciproques entre le judéo-portugais et le judéo-espagnol ont été évoqués surtout dans les travaux de Wagner: Wagner (1950b) est un article consacré spécialement à ce problème, Wagner (1924c) fait un inventaire des mots espagnols employés dans le portugais des Pays-Bas, fondé sur celui recueilli par Davids (1910) et par d'autres travaux sur les communautés juives des Pays-Bas. Tavani (1960; cf. Wagner 1960) souligne l'influence judéo-espagnole sur le judéo-portugais de Livourne. Les rapports entre le judéo-portugais et le judéo-espagnol ont été mentionnés, en outre, chez Mendes dos Remédios (1911), Praag (1931) et Hilty (1957-58).

3.4.11.2 *Langues balkaniques*

Au sujet de l'influence du judéo-espagnol sur les langues balkaniques on trouve des informations chez Yahuda (1915), qui soutient que le judéo-espagnol a servi de véhicule à l'influence italienne dans les Balkans. Wagner (1923a) estime que Yahuda exagère le rôle du judéo-espagnol sur les langues balkaniques. Iordan (1934) analyse quelques mots balkaniques d'origine espagnole.

3.4.11.3 *Yiddish*

Il existe une excellente présentation des mots judéo-espagnols dans le yiddish parlé en Israël chez Kosover (1954), qui donne une liste de 45 termes.

4

TEXTES

4.0 CATÉGORIES DE TEXTES

4.0.0 *Considérations préliminaires*

Les recueils de textes présentent des différences, tant du point de vue de la forme (système de transcription, commentaires linguistiques, localisation, etc.), que du point de vue du contenu (langage courant, folklore, littérature rabbinique). Nous présentons séparément les textes en transcription phonétique et ceux qui sont reproduits selon l'orthographe habituelle. Dans le cadre de chaque catégorie on trouvera dans des chapitres à part les textes du langage courant, les textes folkloriques et les textes de littérature rabbinique. Dans le cadre des textes folkloriques nous distinguons, selon leur contenu, les catégories suivantes: romancero, proverbes, chansons de noces, complaintes (*endechas*) et chants religieux.

4.0.1 *Observations sur la forme des textes*

Pour la forme, il faut donner quelques éclaircissements, surtout quant aux systèmes de transcription. Il y a une grande variété de systèmes de transcription, tant pour les textes du langage courant, du folklore, que pour les textes en *ladino*. Une excellente synthèse des différents systèmes utilisés jusqu'aujourd'hui dans l'édition des textes judéo-espagnols actuels et la proposition d'un nouveau système, qui adopte pour base l'orthographe de l'espagnol actuel, existent dans Hassán (1971a); cf. aussi Hassán (1970a). À côté de Hassán (1971a) on peut aussi mentionner Renard (1967), qui comprend une bonne présentation des alphabètes utilisés par les Sefardim. Pour la transcription des textes en *ladino* nous mentionnons un article classique (Foulché-Delbosc 1894), la première proposition systématique de transcription des textes écrits en caractères hébraïques. Nous mentionnons, dans l'ordre de leur apparition, quelques-uns des travaux qui comprennent des observations ou des propositions concernant la transcription: K. Levy (1929), González Llubera (1933, 1938, 1950-51), Crews – Vinay (1939), Hemsi (1959), Crews (1960), Révah (1961b), Armistead – Silverman (1962a, 1962b), Crews (1962b), Besso (1963a), Armistead – Silverman (1963-64), Gonzalo Maeso – Pascual Recuero (1964; voir les observations de Hassán 1966b), Crews (1963, 1966), Sephiha (1970) et Armistead – Silverman (1971a). La plupart des travaux mentionnés discutent la transcription des textes en *ladino*. On trouvera des observations intéressantes sur la transcription des textes en caractères hébraïques antérieurs à l'exode de l'Espagne dans Spiegel (1952).

4.0.2 *Observations sur le contenu des textes*

Pour le contenu des textes, nous précisons que la division en trois grandes catégories que nous avons adoptée (textes en langage courant, textes folkloriques et textes en *ladino*) a été déterminée par le fait que la langue employée dans chacune de ces catégories présente des traits particuliers. Par exemple, les textes en *ladino* se caractérisent par la présence d'un grand nombre de mots archaïques, disparus du langage courant, et d'un grand nombre de mots hébreux. Les textes folkloriques ont des formes plus ou moins fixes, ce qui explique la conservation des particularités archaïques, quoiqu'il y ait aussi des mots récents. Dans les textes en langage courant abondent les mots turcs, balkaniques ou français: le nombre et la fréquence de ces mots étrangers varient en fonction du style de celui qui a fourni le texte. Nous mentionnons que nous avons inclu dans la catégorie des textes en langage courant les divers contes (*konséžas*) parce que nous avons considéré que la langue utilisée est très proche de celle de la conversation. D'ailleurs beaucoup d'auteurs des ouvrages cités – Wagner (1914), Simon (1920), Baruch (1930), Luria (1930a), Crews (1935), pour n'en rappeler que les plus importants – ont basé leurs observations sur de tels contes. Le procédé a été critiqué par Yahuda (1915), qui soutient que les textes ne sont pas à même de caractériser le parler de Constantinople; les mises au point de Wagner ont définitivement résolu le problème. Il a montré que Yahuda était un partisan du purisme, qui condamnait l'emploi exagéré de mots exotiques, ce qui est explicable chez un intellectuel sefardi.

Toujours à propos du contenu des textes, il est à signaler qu'on ne peut pas toujours distinguer nettement entre les différentes catégories de textes folkloriques. Il n'est pas rare que les mêmes romances soient chantées aux noces, ou en tant que complaintes, ou chantées aux diverses fêtes religieuses (on trouvera des observations pertinentes sur l'emploi de la poésie traditionnelle dans

Alvar (1953, 1969a, 1971). Nous avons mentionné les recueils de textes dans l'un ou l'autre des groupes proposés, en fonction de la manière dont l'auteur a interprété le matériel respectif.

4.1 TEXTES EN TRANSCRIPTION PHONÉTIQUE

4.1.0 *Anthologies (textes variés du point de vue du contenu)*

Nous mentionnerons premièrement une série d'anthologies comprenant des textes variés du point de vue du contenu (langage courant, folklore, *ladino*). Une des premières collections de ce genre est K. Levy (1929), qui a deux parties distinctes: la première comprend 10 textes recueillis par l'auteur sous la dictée des sujets parlants de Smyrne (7 textes), Pazardžik (2) et Lárissa (1), et la deuxième comprend 8 textes du *ladino* du 17e siècle écrits dans différentes localités de l'Orient (Bitola, Ancône, Chio, Güselhissar, Smyrne). Les textes sont accompagnés d'un glossaire, pour les caractéristiques duquel voir *2.2.1*.

Luria (1930a) apporte une riche moisson de Bitola qui comprend 23 contes très amples, quelques dialogues et devinettes, 65 proverbes et 7 chansons. La langue en a été étudiée par Luria lui-même. D'ailleurs la grande majorité des observations de son excellente monographie (Luria 1930a) sont basées sur le matériel de ces textes. Certaines inadvertances du système de transcription ont été signalées chez Crews (1935) et Révah (1938).

Jopson (1936) est une utile collection de 10 extraits illustrant les divers niveaux de langue, les divers parlers et les étapes de l'histoire du judéo-espagnol (le plus ancien provient du Pentateuque de Constantinople). Des notes et des commentaires accompagnent les textes.

Les textes de la collection de Subak (1906a) illustrent la langue des proverbes (15), de certaines chansons (2) et celle du *ladino* (4 textes plus amples) employée à Constantinople et en Bosnie. On a remarqué que ces textes ne donnent aucune indication sur la langue parlée (cf. Wagner 1909a), quoique dans l'ample étude qui accompagne le recueil il y ait de nombreuses observations de ce type.

Besso (1966) est une brève et modeste anthologie avec des échantillons du langage courant des Sefardim des États-Unis originaires de Constantinople, de Bulgarie et de Bucarest et avec des textes de folklore et de littérature rabbinique de diverses régions de l'Orient. On trouvera une présentation détaillée de cette anthologie dans Hassán (1967).

Bar-Lewaw (1968) fait connaître en tant qu'échantillons du parler d'Atlanta et de Montgomery (E.U.A.) une brève biographie d'une personne et 5 textes pour illustrer divers genres folkloriques (romances, chants religieux, ballades récentes).

4.1.1 *Textes du langage courant*

Pour l'étude du langage courant, avec ses différents niveaux, l'anthologie la plus variée est celle du livre Wagner (1930a). Parmi les douze textes il y a un conte de Salonique, la discription d'une fête (texte écrit sous la dictée de Ruse), six lettres d'Adrianople, publiées en caractères hébraïques dans un journal sefardi et transcrites par Wagner, trois textes du périodique *El Mundo Sefardi*, transcrits de l'alphabète hébreu par le même Wagner et un texte d'une histoire de la communauté israélite de Ruse. Des notes excellentes en expliquent les formes et les mots difficiles. Il y a des différences entre les textes: quelques-uns représentent certains aspects du langage populaire (surtout ceux d'Adrianople), d'autres représentent le style cultivé, avec de nombreuses influences françaises et allemandes. K. Levy (1931b) comprend les observations sur certaines interprétations des notes.

La plus ample collection de textes du langage courant est Crews (1935). Écrits sous la dictée, pendant un voyage dans la Péninsule Balkanique, ces textes très amples illustrent le mieux la langue des conteurs judéo-espagnols de Bucarest (7 textes), Salonique (9), Bitola (16), Skopje (10). Ce qui impressionne c'est le volume des textes – 122 pages. Pour la qualité des nombreuses notes, voir *2.2.1*. Les commentaires critiques de Farhi (1938), Wagner (1936) et Révah (1938) sont complétés par les observations de Sala (1962a). La collection de Crews est incontestablement très utile, car, pour certains parlers (Skopje, Bucarest), il n'y avait pas de textes ou il y en avait très peu, tandis que pour les autres parlers (Salonique) les textes de Crews sont plus influencés par le français, en ce qui concerne le vocabulaire et la syntaxe, que les textes de Simon (1920) et Wagner (1930a).

Pour Constantinople, Wagner (1914) a publié 15 contes accompagnés de la traduction allemande et de nombreuses notes. Comme chez Luria (1930a), la plupart des phénomènes discutés dans la monographie consacrée au parler de Constantinople sont étudiés à partir de ces textes (cf. *2.2.2.1.1*). Les textes publiés par Elnecavé (1963-65) proviennent aussi de Turquie: chansons enfantines (4), devinettes (3), contes (13), romances (12), chansons populaires (4), *canciones de ronda* (2), chansons de noces (3), chants religieux (2), proverbes (376), locutions (82). Les notes de Hassán et Correa Caldéron, qu'accompagnent les textes publiés par Elnecavé, expliquent les formes et les mots inconnus.

On trouvera des textes de Salonique dans Simon (1920), Lamouche (1907) et Crews (1962a). Le premier donne trois contes, accompagnés de la traduction allemande, suivis d'une description du dialecte basée sur ces échantillons (cf. *2.2.2.1*), le deuxième reproduit des fragments d'articles publiés à Salonique, et Crews transcrit une histoire et un petit texte parus dans un journal de cette ville. Les textes de Crews sont accompagnés de nombreuses notes riches en observations.

Baruch (1930) exemplifie le parler de Bosnie (Sarajevo) par un conte écrit sous la dictée et par un texte reproduit d'après le périodique *Jevrejski Život*, où l'auteur de l'article décrit certaines mœurs des Sefardim en se servant du langage populaire. Des notes sur la phonétique, la morphologie et le lexique accompagnent les deux textes.

Sala (1962a) donne trois variantes de la même traduction faites par trois sujets de Bucarest. Ces variantes sont comparées avec la traduction publiée dans Crews (1935).

Martínez Ruiz (1963b) publie 13 textes à contenu très varié (souvenirs de *Pesah* (= Pâques), contes, narration de certaines pratiques de sorcellerie, d'une noce, etc.) d'un très grand intérêt pour ceux qui veulent connaître le judéo-espagnol marocain. De nombreuses et très riches notes accompagnent ces textes.

Il y a quelques travaux qui publient un seul texte: Subak (1906b), Giese (1956), Crews (1967, 1966, 1963, 1965). Les deux premiers sont intéressants parce qu'on y trouve quelques-uns des jeux d'échantillons en transcription phonétique pour le parler de Dubrovnik et Rhodes respectivement. Dans les deux cas on y transcrit une histoire. Crews (1967) nous offre le texte d'un manuscrit hébreu écrit vers 1600, de la Bibliothèque Bodléienne et qui comprend des instructions en judéo-espagnol sur la préparation de certains ingrédients utilisés pour les médicaments. Un excellent glossaire accompagne cette édition. Le texte, provenu probablement de Constantinople, est particulièrement important car c'est un des quelques textes non-religieux de l'époque, qui contiennent de nombreuses premières attestations de certains mots d'origine turque. Crews a édité aussi d'autres textes judéo-espagnols anciens. Crews (1966) comprend un texte d'un manuscrit d'après 1500. Il paraît qu'il s'agit de notes prises par un étudiant en médecine influencé par le milieu linguistique d'Italie. Un texte antérieur à l'exode d'Espagne est édité dans Crews (1963) et complété par Crews (1965). L'article est intéressant parce qu'il s'agit d'un manuscrit où abonde la terminologie médicale et à cause des excellentes notes de Crews avec de nombreuses incursions dans les parlers judéo-espagnols modernes.

4.1.2 *Textes folkloriques*

4.1.2.0 *Recueils*

Outre Luria (1930a), Subak (1906a), Bar-Lewaw (1968) mentionnés à *4.1.0*, il existe quelques recueils folkloriques avec des textes de toutes ou de plusieurs des catégories établies par nous (romances, proverbes, chansons de noces, complaintes, chants religieux).

Wiener (1903) donne 28 textes folkloriques (pour la plupart des romances) de Bosnie (les 14 premiers) et de Sofia (les autres). Dans les notes qui accompagnent le texte on explique les mots hébreux et turcs ou des phonétismes et des formes de l'ancien espagnol. C'est le premier recueil où l'on ait la transcription phonétique de quelques romances d'Orient.

Une riche collection de textes folkloriques (127) d'Alcazarquivir (Maroc) existe dans Martínez Ruiz (1963a). Il y a 19 chansons de noces, 11 complaintes, 97 compositions diverses, pour la plupart des romances, représentant une des plus riches moissons d'une seule ville. L'auteur fait des considérations linguistiques sur les textes, expliquant dans les notes les mots et les formes qui n'existent pas dans l'espagnol standard. Il y a aussi des notes littéraires. Pour celles-ci voir Bénichou (1968a).

Quilis (1965) présente 4 chants religieux et 7 romances recueillis d'un Sefardi cultivé de Trabnik, une localité près de Sarajevo. À côté de la transcription phonétique, une des plus soignées des travaux dont nous nous occupons dans ce livre, faite non sous la dictée, mais d'après une bande magnétique, l'auteur donne aussi la transcription en orthographe espagnole. Pour d'autres détails sur ce recueil de textes cf. *2.2.2.1.3*.

Nous mentionnons encore Rubiato (1965) avec les 5 chansons notées d'une personne de Monastir (Bitola), quoique l'auteur ait été intéressé plutôt par les mélodies qui accompagnent ces chansons. On peut faire la même observation quant à Rubiato (1970), qui comprend 6 chansons notées d'une personne originaire de Yougoslavie dans la transcription phonétique de Hassán. Armistead – Silverman (1971f), avec les deux chansons de noces, un chant funèbre et deux romances recueillis par Américo Castro au Maroc, nous donnent quelques spécimens de la riche collection enregistrée dans l'enquête de 1922.

4.1.2.1 *Romancero*

Il est intéressant à signaler que le romancero sefardi actuel d'Orient a rarement été enregistré en transcription phonétique. Les quelques romances figurant dans les recueils mentionnés à *4.1.0* et *4.1.2.0*, auxquelles on peut ajouter une brève variante d'une romance de Constantinople donnée par Wagner (1909b), sont les seuls exemples qu'on puisse mentionner. La situation est quelque peu différente pour le Maroc et les États-Unis. En échange, surtout grâce aux excellentes études signées par S.G. Armistead et J.H. Silverman, nous possédons de nombreuses romances transcrites phonétiquement d'une série de manuscrits en caractères hébraïques.

Dans la collection de Bénichou (1944) il y a 68 romances recueillies d'Oran (les 20 premières) et de Buenos Aires d'une famille de Tétouan (les autres). Chaque texte est accompagné d'un ample commentaire littéraire. Il y a aussi un chapitre final où l'on donne des commentaires et un tableau final des correspondances des romances respectives avec les principales collections sefardies et de la péninsule, ce qui permet de comparer le lexique de ces romances. Pour 21 de ces textes on donne aussi la transcription musicale. Bénichou (1968a) reproduit les mêmes textes, mais groupés d'après leurs thèmes et caractères; les commentaires littéraires y sont encore plus consistants. Un glossaire réduit, mais très utile, complète cet excellent travail. L'analyse du travail de Bénichou (1944) dans le cadre général du romancero est faite par Griswold Morley (1947-48); des observations pertinentes sur Bénichou (1968a) apparaissent dans Armistead – Silverman (1971b).

Pour les États-Unis, il faut rappeler les recueils de S.G. Armistead et J.H. Silverman, publiés dans des articles qui témoignent d'une grande érudition. Armistead – Silverman (1959) font connaître deux romances recueillies sur la côte occidentale des États-Unis de quelques émigrés des Balkans. Armistead – Silverman (1960a) comprend sept ballades recueillis à Seattle de Sefardim originaires de Rhodes (2), Salonique (3), Marmara, Turquie (1), Sérrai (1), Grèce (1). Armistead – Silverman (1963) reproduit une romance (Attias 1961) comparée avec les variantes recueillies par les auteurs à Los Angeles et New York de sujets nés à Salonique. Enfin, Armistead – Silverman (1970c) reproduit trois textes recueillis à Seattle et à Los Angeles.

Armistead – Silverman (1962b) publient 10 romances de Rhodes trouvées dans un manuscrit qui est très probablement du 18e siècle. L'ouvrage comprend la description détaillée du manuscrit, l'explication du cadre d'équivalences des signes utilisés dans la transcription et les textes accompagnés de très riches commentaires philologiques. À la fin de cet excellent travail on trouvera un glossaire avec tous les mots et les formes inconnus. Certaines observations critiques existent dans Solá-Solé (1966); voir la réponse de Armistead – Silverman (1970a). Les mêmes auteurs – Armistead – Silverman (1965a) – font connaître 10 romances d'une collection du lexicographe S.I. Cherezli de Jérusalem, qui date des premières décennies de ce siècle. Les mêmes excellents commentaires expliquent les différentes lectures et un riche glossaire où l'on fait des références aux données lexicales des différents travaux que comprennent les mots respectifs complètent cette bonne édition. Les deux auteurs se sont occupés de près de la collection de romances de Y. Yoná, folkloriste de Salonique. Après avoir publié une romance recueillie par Yoná, accompagnée de beaucoup de notes et commentaires (Armistead – Silverman 1962d), les deux auteurs publient 6 romances accompagnées des mêmes riches et nombreuses explications lexicales et phonétiques (Armistead – Silverman 1966a). Récemment les mêmes auteurs ont publié une ample et excellente édition de toute la collection de Yoná, formée de 27 romances (Armistead – Silverman 1971c). Enfin, Armistead – Silverman (1971a) transcrivent 5 romances d'un manuscrit à lettres cursives du 18e siècle qui provient de la Bosnie. Cette excellente édition présente en facsimile le texte du manuscrit et de précieuses notes philologiques. À la fin du volume, les auteurs reproduisent également Baruch (1933) et 21 romances publiées 1939 dans *Jevrejski Glas*, un périodique de Sarajevo. Ces trois recueils comprennent des commentaires littéraires et un petit glossaire des mots exotiques présents dans les romances; voir aussi Armistead – Silverman (1972b), une analyse de deux romances de la collection de Yoná, trouvées dans les archives de R. Menéndez Pidal.

González Llubera (1938) transcrit trois romances copiées en 1702 à Vénise, en faisant des considérations linguistiques, philologiques et littéraires.

4.1.2.2 *Proverbes*

Outre les proverbes publiés par Subak (1906a) et Luria (1930a), nous mentionnons les collections suivantes, qui sont en transcription phonétique: Luria (1933), Besso (1935, 1948), Hutchings (1952), Sala (1959) et Kolomonos (1968).

La riche collection de Luria (1933) comprend 441 proverbes recueillis à Bitola. Conçu pour compléter Luria (1930a), le travail comprend de nombreuses explications pour les mots inconnus. Un très utile glossaire renvoie aussi aux mots discutés dans Luria (1930a).

Les travaux Besso (1935, 1948) comprennent des proverbes recueillis de Salonique (220) – le premier, et des États-Unis (274) – le deuxième. L'auteur renvoie aussi à d'autres collections où se trouvent les variantes qu'il a notées. Dans les glossaires, qui se trouvent après chaque texte, il y a des explications lexicales concernant surtout les mots turcs et hébreux.

Hutchings (1952) transcrit 139 proverbes publiés en lettres hébraïques par I. Yahuda dans la revue *Zion* de Jérusalem. On ne donne aucune autre information sur l'origine des proverbes. Dans les notes on explique une série de mots turcs et hébreux. Sala (1959) comprend 182 proverbes fournis par plusieurs personnes de Bucarest. En se basant sur ces proverbes l'auteur donne également une description du parler de Bucarest (cf. *2.2.2.1.5*). Kolomonos (1968) procède de même pour les proverbes recueillis de Bitola et de Skopje, établissant sur cette base les différences entre les deux parlers (cf. *2.2.1*); les proverbes n'y sont pas groupés.

4.1.2.3 *Chansons de noces*

Il n'existe pas une transcription phonétique des chansons de noces.

4.1.2.4 *Complaintes*

La plus ample collection de complaintes transcrites phonétiquement se trouve chez Alvar (1953, 1969a). Les treize textes (les neuf premiers étant transcrits phonétiquement) ont été recueillis par Alvar au Maroc (Larache et Tétouan) et sont précédés de nombreuses observations linguistiques (cf. *2.2.2.2.2*) et littéraires. À la fin de cet important ouvrage on trouve la transcription des mélodies et deux riches index (l'un de matières et l'autre de mots). Il existe des observations littéraires et linguistiques touchant ce livre chez Bénichou (1960a, 1960b), D. Romano (1956), Veny Clar (1956-57) et J. Pérez Vidal (1955).

Les articles d'Armistead – Silverman (1968-69a, 1970d) comprennent la transcription des complaintes de Smyrne datant du début de notre siècle: dans le premier il y a une complainte, dans le deuxième il y en a quatre (les dernières sont chantées à l'occasion de la fête de *tišabeav*). Corré (1968) donne la transcription d'une intéressante élégie qui remonte probablement au début du 18e siècle; elle est originaire de l'île de Corfou, une région où le judéo-espagnol ne s'est pas longtemps conservé. Le texte, reproduit dans une transcription large, est suivi de notes.

4.1.2.5 *Chants religieux*

Corré (1957) a publié le texte d'une *haftara*, que l'on dit le neuvième jour du mois 'Ab, imprimé au 17e siècle à Amsterdam. Abraham (1960-61) donne des observations pertinentes concernant la transcription et les particularités linguistiques du texte. Salomon (1969) donne 7 versions espagnoles du *'Et ša' aré rašón* prises de textes variés au point de vue chronologique: 1552, 1740,

1860, 1876, 1922, 1930, 1954. Il s'agit de la traduction espagnole de quelques *piyutim* hébreux. Cette transcription de Salomon a été critiquée par Romero (1971b).

4.1.3 *Textes du ladino*

Outre K. Levy (1929) et Subak (1906a), mentionnés à *4.1.0*, pour les textes du *ladino* en transcription phonétique on retient les textes reproduits par Crews (1960) et par Gonzalo Maeso – Pascual Recuero (1964).

La meilleure et la plus précise transcription phonétique d'un texte du *ladino* se trouve dans Crews (1960). Il s'agit de 10 fragments de *Me'am Lo'ez*, le renommé ouvrage à caractère encyclopédique du 18e siècle, dont l'auteur, J. Kuli, a vécu à Constantinople. Le texte est accompagné d'une traduction anglaise et d'un excellent glossaire comprenant de nombreux commentaires sur la situation de certains mots et formes de différents idiomes judéo-espagnols. Une grande attention est accordée au même ouvrage par Gonzalo Maeso – Pascual Recuero (1964). Le premier volume, après une ample et riche discussion portant sur le contenu de l'ouvrage ci-dessus cité, comprend la transcription phonétique du chapitre introductif de *Me'am Lo'ez* (*haqdāmāh*). Deux glossaires (l'un contenant des mots judéo-espagnols, et l'autre, plus vaste, des mots hébreux) se trouvent à la fin du premier volume. Le système de transcription des mots hébreux a été sévèrement jugé par Hassán (1966b).

4.2 TEXTES SANS TRANSCRIPTION PHONÉTIQUE

4.2.0 *Anthologies*

Les textes sans transcription phonétique, c'est-à-dire les textes présentés en orthographe espagnole standard ou qui ont à la base l'orthographe d'autres langues, sont de beaucoup plus nombreux que les textes examinés jusqu'à présent. Nous mentionnons uniquement les textes qui sont accompagnés de commentaires ou que nous avons estimés intéressants pour la connaissance de quelques variantes du judéo-espagnol. En général, de pareils textes présentent de l'intérêt surtout du point de vue de la morphologie, de la syntaxe et du lexique. Parmi les divers systèmes de transcription du judéo-espagnol, il existe des différences en ce sens que certains auteurs font ressortir les correspondances entre la réalité linguistique notée et l'orthographe employée, tandis que d'autres sont indifférents à de tels problèmes.

Mentionnons d'abord une série d'anthologies avec des textes variés au point de vue du contenu (langage courant, folklore, *ladino*). La plus riche anthologie de ce genre est Molho (1960), ayant des textes qui proviennent, pour la plupart de Salonique, la ville où a vécu l'auteur. Elle remplace la vieille anthologie de Grünbaum (1896) et les extraits reproduits sont plus amples et plus variés. Elle comprend six sections: littérature populaire orale (totalisant 48 romances, 646 proverbes et 10 contes), littérature populaire écrite (comportant des chants religieux employés pendant les différentes fêtes), Bible, littérature éthique, littérature, littérature à caractère historique et les périodiques. Un appendice comprend une sélection des réponses données par les rabbins orientaux aux questions posées par les différentes communautés sefardies du 16e siècle. Les commentaires linguistiques de nature lexicale se trouvent entre les deux glossaires de la fin du volume (le premier glossaire renferme les mots hébreux du *ladino* et le second les autres mots). Lida (1963) et Mettman (1962) ont fait des observations concernant ces deux glossaires. Une riche bibliographie termine cette anthologie (cf. *5.2*). La valeur de l'anthologie de Molho, mise en évidence dans de nombreux comptes rendus (Armistead — Silverman 1966b, Devoto 1963, Révah 1961c, Roth 1962, Sala 1961c; cf. aussi les remarques pertinentes de Armistead — Silverman (1971b, d) sur les romances), repose sur le fait qu'elle réunit dans un seul volume des textes appartenant aux différents styles de langue et que l'on y trouve de nombreuses informations sur la littérature sefardie d'Orient. Le même Molho avait publié un grand nombre de textes (Molho 1950) qu'on retrouve reproduits pour la plupart dans Molho (1960).

Une collection de 48 textes illustrant divers niveaux de langue existe chez Renard (1967). La particularité de cette collection réside en ce que l'auteur présente de nombreux textes contemporains (surtout de la presse) inexistants dans les autres anthologies. Beaucoup de notes et de commentaires accompagnent les extraits.

Alvar (1960) comprend 34 textes variés, tant en ce qui concerne le contenu que l'époque et l'endroit où ils ont été rédigés. Quelques-uns des textes modernes sont reproduits avec la transcription phonétique des auteurs qui les ont enregistrés (sept romances recueillies par Alvar de Maroc sont inédites). Pour les observations au sujet de cette collection de textes voir Bénichou (1968a) et Sala (1962d).

Des extraits en nombre plus restreint se trouvent chez Sala (1962-65) et chez Cuervo (1954). Sala reproduit cinq textes des 16e et 18e siècles, accompagnés de nombreuses explications et notes et Cuervo en donne deux, rédigés à Constantinople: un fragment du Nouveau Testament (1877) et un autre tiré d'un roman historique (1876). Des commentaires linguistiques s'ajoutent aux deux textes. Kayserling (1857) présente une poésie de 1640 avec un texte en caractères hébraïques et un autre en caractères latins. Levi – Konforti (1971) contient le statut de la communauté sefardie de Sarajevo de la fin du 19ᵉ siècle, qui reproduit l'ancien statut en vigueur pendant l'Empire ottoman.

4.2.1 Textes du langage courant

Outre les textes reproduits par Molho (1960), Renard (1967), Alvar (1960), Sala (1962-65), Cuervo (1954) et qui ont été mentionnés ci-dessus, on peut citer comme échantillons de langage courant les nombreux ouvrages écrits en judéo-espagnol (ouvrages littéraires, périodiques, lettres). De tels textes apparaissent chez Agard (1950; une lettre, un article du journal *La Vara* et un texte folklorique, tous les trois provenant de Rochester (E.U.A.), chez Barocas (1969; toujours pour E.U.A.), et chez Kraus (1951) et Casartelli (1961) avec des fragments de textes d'Israël; chez Farhi (1937), qui reproduit, accompagnée de quelques notes brèves, une poésie publiée dans le journal *La Boz de Oriente*; chez Galante (1953), qui donne des poèmes judéo-espagnols dont la valeur littéraire est médiocre, et Galante (1955) avec un poème judéo-espagnol en caractères hébraïques; et aussi dans les ouvrages de vulgarisation comme ceux de Pulido y Fernández (1905) et d'Estrugo (1958a). Le livre de Larrea Palacín (1952-53) s'impose par son ample recueil de contes populaires. Dans ses deux volumes, le livre comprend 156 contes de Maroc. À la fin du deuxième volume, l'auteur donne une série de notes lexicales. Pérez Vidal (1954) a de très sérieuses réserves concernant la qualité de l'édition; voir aussi Armistead – Silverman (1972a).

4.2.2 Textes folkloriques

4.2.2.0 Recueils

Bon nombre de textes folkloriques apparaissent dans les anthologies de Molho (1960), de Renard (1967) et d'Alvar (1960), que nous avons présentées sous *4.2.0.* Parmi les anthologies qui contiennent uniquement des textes folkloriques rappelons: Alvar (1966a), Larrea Palacín (1952-54), Algazi (1958), I. Levy (1959-71), Diaz-Plaja (1934).

La plus riche et la plus complète des collections de textes folkloriques judéo-espagnols (257 textes) est Alvar (1966a). S'appuyant sur les recueils de textes antérieurs des Sefardim d'Orient et du Maroc, ainsi que sur le matériel recueilli au Maroc par l'auteur de l'anthologie même, cette collection a aussi le mérite de fournir des indications concernant les différentes variantes des textes reproduits. Vu que l'auteur indique chaque fois la source d'où il reproduit le texte, il offre au lecteur la possibilité de connaître la région d'origine du texte, de trouver aussi la transcription phonétique au cas où celle-ci existe (s'adressant à un large public, Alvar a simplifié la transcription). L'anthologie d'Alvar comprend trois sections: le romancero (145 textes), les chansons de noces (91) et les complaintes (19). Les textes sont précédés d'une introduction où l'on examine les faits ayant trait à la structure et au contenu des textes respectifs. Un très riche glossaire et une bibliographie mise au point se trouvent à la fin de l'anthologie. Voir des observations d'ordre linguistique et littéraire sur cet ouvrage chez Armistead − Silverman (1968c) et des remarques de nature littéraire chez Bénichou (1968a).

Larrea Palacín (1959) transcrit 57 textes publiés par Baruh Uziel dans différentes revues. Parmi ces textes on trouve des romances (14), des chansons de naissance, chansons de noces, chants religieux, chansons pour enfants. La localisation des textes n'est pas sûre. Certains sont de Eschtip (Yougoslavie), de Constantinople ou de Salonique (la plupart proviennent, paraît-il, de cette ville où est né Uziel). Un riche glossaire accompagne cette collection, dont la transcription a été sévèrement critiquée par Armistead − Silverman (1963-64). Pour les observations d'autre nature voir Wagner (1961).

Une autre très riche collection de textes folkloriques judéo-espagnols est Larrea Palacín (1952-54) consacrée à la tradition du Maroc (Tétouan). Elle complète Larrea Palacín (1952-53). Dans les deux premiers de ses trois volumes il y a la plus ample collection de romances qui existe jusqu'à présent (270 textes qui représentent les variantes des 144 romances). À la fin du deuxième volume, l'auteur donne un index des mots estimés différents de ceux de l'espagnol, ainsi qu'un index de noms. Le troisième volume renferme des discours de noces, des chansons concernant la moisson, des complaintes, des chansons rituelles. On doit toutefois consulter cette collection avec discernement, car, ainsi que l'ont montré Bénichou (1960b) et Alvar (1957), elle contient des erreurs dans la reproduction du judéo-espagnol marocain. À remarquer qu'on n'indique point l'origine du matériel folklorique: à côté de la plupart des textes recueillis par l'auteur, il y en a d'autres reproduits d'après des manuscrits. Pour d'autres observations touchant le même recueil voir Bénichou (1960a, 1961), Pérez Vidal (1956) et Devoto (1961). Toujours pour le Maroc on peut consulter avec profit les collections de textes qui se trouvent chez Benoliel (1926-52; cf. 2.2.2.2), notamment 193 proverbes et 21 chansons, accompagnés de notes intéressantes pour les mots moins connus.

Algazi (1958) contient une série de 44 chants religieux (cantilènes bibliques, chants liturgiques ou *piyutim*), 34 romances et 2 chansons enfantines. L'attention de l'auteur porte aussi sur les mélodies qui accompagnent les textes, ce qui explique le fait que dans la plupart des cas il donne également des textes en hébreu ou en araméen (dans la section consacrée aux chants religieux, sur 44 chants, 10 seulement sont espagnols). Les textes proviennent des pays balkaniques mais ne sont pas localisés exactement. Analogue du point de vue de la conception qui a présidé à son élaboration, la collection de I. Levy (1959-71) comprend: 97 textes (I), 120 romances (II) et 159 romances (III). Tout comme chez Algazi (1958), on insiste sur les mélodies qui accompagnent les textes et on ne donne pas dans le premier tome la localisation précise:

ces mélodies ont été chantées par des personnes originaires de Grèce, Turquie, Roumanie, Bulgarie, Yougoslavie et Rhodes (I. Levy 1959-71: v).

À la différence d'Algazi, Levy ne publie pas de textes à contenu religieux; il donne aussi dans le premier tome la traduction française du texte espagnol. Certaines observations et quelques compléments de nature folklorique existent chez Armistead – Silverman (1960b, 1971e).

Diaz-Plaja (1934) publie 21 textes (dont 14 romances) toujours originaires d'Orient (Rhodes, Salonique, Smyrne). Des notes très sommaires expliquent les mots autres qu'espagnols ou les variantes de certains mots espagnols.

Dans Kamhi (1966) sont publiés 5 romances, 3 chansons et 37 proverbes de Bosnie qui se trouvent dans un article non signé; 4 des romances reproduisent ceux de Baruch (1933); l'autre est inédite (cf. Armistead – Silverman 1971a). Estrugo (1958b) donne quelques poésies de Salonique. Galante (1948a) comprend des textes folkloriques sefardis dont le contenu est le résultat de l'influence turque. Larrea Palacin (1958) présente 7 textes tirés des publications sefardies de Turquie, caractérisés soit par une langue archaïque soit par une forte influence française.

4.2.2.1 *Romancero*

Le romancero représente le folklore qui a le plus attiré l'attention des chercheurs, ce qui explique le grand nombre de recueils ou d'études portant sur ce genre de folklore sefardi. De telles collections apparaissent évidemment aussi dans les anthologies mentionnées plus haut: Molho (1960; à consulter en même temps que l'excellente analyse du romancero chez Armistead – Silverman 1966b – cf. aussi Armistead – Silverman 1971d), Molho (1950), Renard (1967), Alvar (1960) – citées sous *4.2.0*; et Alvar (1966a), Larrea Palacín (1952-54), Algazi (1958), I. Levy (1959-71; collection très riche), Diaz-Plaja (1934), Kamhi (1966) – mentionnées sous *4.2.2.0*. Les collections qui comprennent exclusivement des romances sans transcription phonétique, avec des textes d'Orient et du Maroc, sont, dans l'ordre chronologique, les suivantes: Danon (1896), Menéndez y Pelayo (1900, 1945), Menéndez Pidal (1906-07), Gil (1911), Attias (1961, 1971). Outre celles-ci, il existe de nombreux articles, qui seront à leur tour mentionnés, mais qui donnent un nombre plus restreint de romances. Une place à part occupent Avenary (1960, 1971) et Frenk Alatorre (1960) avec des informations sur la poésie traditionnelle des 16e et 17e siècles.

Danon (1896) comprend 45 romances des différentes villes de la Péninsule Balkanique (on ne sait pourtant ce qui provient d'Adrianople, la ville de l'auteur, et ce qui est d'ailleurs). Le texte espagnol est accompagné de la traduction française et de petites notes lexicales. Dans l'introduction qui précède la collection, l'auteur présente quelques fragments de romances, en général les débuts des romances espagnoles, conservées dans un recueil de litanies rimées et dont l'origine remonte au 17e siècle. La collection de Danon, la plus grande pour l'Orient, a constitué le point de départ des anthologies ultérieures. Des observations littéraires portant sur cette collection se trouvent chez Puymaigre (1896).

Le premier à l'avoir reproduite intégralement a été Menéndez y Pelayo (1900) qui, en outre, a publié 10 romances inédites recueillies par Coello, un ami de l'auteur, à Salonique. (Menéndez y Pelayo reproduit aussi Sánchez Moguel 1890.) Pour les 56 textes, Menéndez y Pelayo ajoute des notes où il explique des mots ou des phonétismes moins connus. Le recueil est demeuré l'une des collections de base pour le romancero judéo-espagnol.

Galante (1903) présente 14 romances d'Orient, sans localisation exacte (probablement de Smyrne, Beyrouth ou Rhodes). Les notes expliquent les mots exotiques et le sens ou la forme de certains mots espagnols.

Un ouvrage devenu classique pour la littérature du romancero, cité comme un véritable catalogue, est sans doute Menéndez Pidal (1906-07). On y a réuni 143 romances, dont quelques-unes publiées par la suite (Danon, Menéndez y Pelayo, Wiener, Galante, Pulido), d'autres inédites et recueillies par l'auteur (surtout de Maroc) ou reçues des Sefardim de Vienne, Bosnie, Rosiori (Roumanie), Oran, Salonique, Tanger, Adrianople, Bucarest, Sofia, Constantinople. En raison du caractère de "catalogue" de cette importante étude, le texte n'est pas intégral.

Gil (1911) reproduit Menéndez y Pelayo (1900), Galante (1903) et des fragments de Menéndez Pidal (1906-07), totalisant 59 textes. Il est préférable de recourir aux sources dont l'auteur a pris les textes, car celui-ci a fait beaucoup d'erreurs. Les indications géographiques ont été falsifiées afin de donner un caractère plus oriental à cette chaotique collection (cf. Armistead – Silverman 1963-64).

Attias (1961) est l'une des plus riches collections d'Orient ayant des textes recueillis de quatre personnes âgées de Salonique et de Lárissa et d'autres transcrits d'après des manuscrits inédits (grâce à ces derniers, l'auteur a pu découvrir 41 textes inédits). L'introduction, le commentaire et les notes sont en hébreu (la deuxième édition comprend aussi la traduction espagnole de l'introduction). La collection d'Attias comporte deux parties: dans la première on donne des romances recueillies d'Espagne, et dans la seconde on a groupé celles qui se rapportent à la vie de la colonie de Salonique. Dans un ample article (Armistead – Silverman 1962a) on peut trouver des remarques et d'excellents commentaires sur la collection d'Attias. Armistead – Silverman (1962c) présente un texte d'Attias et donne la transcription en caractères latins. Attias (1972) nous donne 148 textes accompagnés par la traduction hébraïque, un glossaire et les mélodies des chansons. Armistead – Silverman (1962d) examine une autre romance et explique le sens du terme *quierco*. Armistead – Silverman (1968d) examine une autre romance orientale.

À part ces collections il y a une série de romances publiées dans diverses revues que nous présenterons ci-dessous selon des critères géographiques.

Pour l'Orient il faut retenir, dans l'ordre alphabétique: Baruch (1933; avec 20 ballades de Bosnie, accompagnées d'un commentaire en serbo-croate), Benavides (1952), Bidjarano (1885; avec des romances recueillies en Roumanie (Bucarest et Rosiori)), Giménez Caballero (1930; romances de Skopje), Hemsi (1932-72; textes de Rhodes et Salonique), Manrique de Lara (1916, 1940; romances des Balkans), Milwitzky (1905; textes d'origine balkanique). Molho (1940) publie 5 ballades recueillies à Salonique, dont deux sont reproduites aussi dans Molho (1960), toutes les cinq dans Molho (1950); Moya (1941), Passy (1897b; avec une romance recueillie à Plovdiv), Rodrigo (1954), M. Romano (1957), San Sebastián (1945; avec des romances de Salonique accompagnées de mélodies), Subirá (1954) et Zara (1953). Alonso García (1970) reproduit sans aucune indication de source des romances publiés par Attias, Molho et Menéndez Pidal; voir le compte rendu critique de Armistead – Silverman (1972c).

Pour le Maroc on remarque premièrement la contribution de Alvar qui a publié, dans une série d'articles, beaucoup de romances. Alvar (1951a) analyse une poésie notée à Tétouan et la compare avec les variantes qu'il a enregistrées à Larache et avec une variante d'Alcazarquivir. Alvar (1951b) donne deux textes qui représentent des variantes de la même romance de Tétouan. Alvar (1951-52) publie des versions commentées de cinq autres ballades recueillies à Tétouan. Alvar (1954) reproduit, accompagnées de notes, une romance de Tétouan et une autre de Larache. Tous ces articles ont été analysés par Bénichou (1961). Alvar (1956) analyse une ballade de Tétouan suivie d'amples discussions littéraires et d'observations linguistiques. Alvar (1966b) présente 6 romances des plus connues enregistrées au Maroc.

Les autres ouvrages qui contiennent des romances du Maroc sont: Arce (1961; avec 5 textes recueillis à Tétouan au début de notre siècle par Padre Rosende (ce recueil est analysé par Armistead – Silverman 1962c)); Armistead – Silverman (1964a; analyse les différentes variantes d'une ballade d'origine épique chantée au Maroc); Guastavino Gallent (1951; contient des romances qui existent aussi chez Larrea Palacín 1952-54), Ortega (1929, 1934; contient 22 ballades), Sánchez Moguel (1890; avec deux romances, l'un des premiers articles qui analysent ce type de folklore), Thomas (1939; 8 textes de Oran; une édition défective de quelques romances édites plus tard par Bénichou (1944, 1968a)).

Pour les États-Unis nous retenons MacCurdy – Stanley (1951; avec 7 romances recueillies à Atlanta (Georgie), chantées par une femme née à Rhodes); les textes, parfois incomplets, sont accompagnés de mélodies et de quelques notes linguistiques. Agard (1950) donne une ballade de Rochester.

4.2.2.2 *Proverbes*

Molho (1960) est la seule anthologie citée ci-dessus qui contient des proverbes. Les collections les plus représentatives de proverbes proviennent de la fin du siècle passé et du commencement du siècle actuel. Nous les citons dans l'ordre chronologique: Kayserling (1889), Foulché-Delbosc (1895), Kayserling (1897a), Galante (1902), Danon (1903). Une série de collections récentes sont également intéressantes: Galimir (1951), Saporta y Beja (1957), I.J. Lévy (1969), Lida (1958), S. Pinto (1957-58), Subirá (1954). À part ces deux séries, les autres articles ont une importance mineure.

La liste de 775 proverbes de Kayserling (1889), republiée chez Kayserling (1890), s'appuie sur des informations reçues des Sefardim de Belgrade et Ruse (Bulgarie). Elle comprend les proverbes groupés par thèmes, mais sans aucune explication linguistique.

La liste la plus riche (1313 proverbes) appartient à Foulché-Delbosc (1895) et est déjà devenue un ouvrage classique. Malheureusement, les proverbes ne sont pas localisés avec précision: l'auteur mentionne seulement le fait que la plupart ont été recueillis au cours d'une enquête faite à Constantinople en 1888. Le reste provient de correspondants d'Adrianople, Salonique et Smyrne; une centaine sont extraits de la liste de Kayserling (1889). Le texte des proverbes est accompagnée d'explications concernant leur contenu. On explique aussi les mots inconnus. Cette liste est complétée par Kayserling (1897a) avec 23 proverbes, dont il n'indique pas l'origine.

Galante (1902) présente une liste de 462 proverbes, très probablement recueillis à Rhodes, où l'auteur était professeur. On y trouve des explications de la même nature que chez Foulché-Delbosc (1895) et chez Danon (1903). Danon contient 323 proverbes recueillis en Turquie et traduits en français.

Les collections de Moscuna (1897) et Passy (1897a), avec 69 proverbes de Tatar Bazardžik, et respectivement 25 de Plovdiv, sont moins riches et moins représentatives. Dans les deux cas les auteurs traduisent les proverbes: le premier en allemand, le deuxième en français. On doit retenir aussi la contribution de Hoyos y de la Torre (1904; avec 48 proverbes).

Parmi les collections plus récentes on remarque comme très importante Saporta y Beja (1957), la plus riche des dernières années (approximativement 1.700 proverbes). Il est très probable que la plupart des proverbes proviennent de Salonique. La collection contient aussi un riche glossaire qui explique les mots inconnus ou difficilement accessibles à un lecteur. On trouve des observations concernant ce recueil chez Correa Calderón (1957), Lida (1968), Révah (1958; sévère critique du système de transcription) et Sala (1958).

Galimir (1951) contient 656 proverbes et un supplément de 10 proverbes du temps de Salomon, 10 du Talmud, 3 brefs contes du Talmud et une fable. L'introduction laisse à penser que les proverbes sont de Roumanie. Il y a des observations linguistiques pertinentes chez Lida (1955).

Lida (1958) contient 300 proverbes de Smyrne, avec un très bon glossaire et avec des renvois à d'autres collections. Subirá (1954) contient plus de 200 proverbes envoyés en 1950 par A. Hemsi d'Alexandrie (Egypte), S. Pinto (1957-58) 210 proverbes de Bosnie, Galante (1935c, 1954, 1956) quelques proverbes sans localisation (dans le premier cas les proverbes sont traduits en français); Correa Calderón (1970) analyse des proverbes judéo-espagnols de Bucarest qui existent aussi en roumain.

I.J. Lévy (1969) présente deux listes contenant 754 proverbes, recueillis dans les communautés des États-Unis (Montgomery, Los Angeles, Detroit) et en Orient (Salonique, Tel Aviv, Constantinople). Une analyse détaillée de la collection de I.J. Lévy (1969) chez Hassán (1972).

4.2.2.3 Chansons de noces

Dans beaucoup d'anthologies analysées apparaissent aussi des chansons de noces. On en trouve une analyse chez Alvar (1971), qui est en effet la seule collection consacrée exclusivement à ce type de folklore. On trouve chez Alvar 57 textes recueillis au Maroc (Tétouan, Larache, Melilla) accompagnés de la transcription des mélodies. On est impressionné par l'ampleur des considérations littéraires des trois premières parties du livre, les observations linguistiques de la 4e partie et les commentaires philologiques. Cet important ouvrage est accompagné d'un riche index de mots et de matières. Alvar (1955) a étudié deux chansons de ce volume. Martínez Ruiz (1968) étudie une chanson de noces bilingue d'Alcazarquivir.

4.2.2.4 Complaintes

Les chants funèbres apparaissent dans diverses collections analysées ci-dessus. Alvar (1953, 1969a) les rappelle toutes. On peut encore citer Menéndez Pidal – Benoliel (1905), qui représente une des premières contributions: Benoliel analyse deux variantes d'une même *endecha*, recueillies à Tanger, et Menéndez Pidal en fait une brève présentation.

4.2.2.5 Chants religieux

À part les chansons des anthologies de Molho (1960), Larrea Palacín (1952-54), Algazi (1958) et I. Lévy (1959-71) nous rappelons la contribution de Benharoche-Baralia (1961), avec des chansons de Bayonne, et celle de Danon (1907), qui reproduit, en caractères latins, une chanson de *purim* de la fin du 19e siècle. Le texte, qui provient de Turquie, est présenté avec une traduction française et quelques notes.

4.2.3 Textes du ladino

À part les textes du *ladino* publiés dans l'anthologie de Molho (1960) nous rappelons aussi la chrestomatie Grünbaum (1896). C'est la première anthologie du genre, qui est assez souvent citée. Elle contient cinq parties: livres bibliques et liturgiques, livres éthiques et religieux, textes à caractères cabalistiques, textes d'humour et distraction, journaux et revues. Dans les premières parties les fragments donnés sont plus amples, tandis que les deux dernières ne contiennent pas toujours d'exemples (on donne seulement des indications bibliographiques). À la fin du livre on trouve un index de mots hébreux, espagnols, néogrecs, turcs et arabes. On trouve des observations concernant ce livre dans les comptes rendus Kayserling (1897b) et Perles (1897; cf. aussi Jopson (1936).

Schwab (1907a, 1916) sont deux ouvrages qui contiennent le texte de quelques homélies, probablement d'Egypte. Schwab (1907b) reproduit le texte d'une version espagnole de Alphabets de Ben Sira.

Chez Ricci (1926) on trouve un fragment de la célèbre Bible de Ferrara, précédé d'une étude.

5

BIBLIOGRAPHIES

5.0 CONSIDÉRATION PRÉLIMINAIRE

Les bibliographies des travaux sur le judéo-espagnol ont paru soit en tant que travaux speciaux, soit comme annexes des travaux de linguistique.

5.1 OUVRAGES BIBLIOGRAPHIQUES

L'inventaire bibliographique le plus connu est Besso (1952), bien mis au point, qui comprend aussi des informations sur les articles des encyclopédies consacrés au judéo-espagnol. Une excellente bibliographie commentée qui va seulement jusqu'à 1909 est Wagner (1909a). Parmi les bibliographies de l'espagnol qui comprennent un chapitre sur le judéo-espagnol nous mentionnons: Serís (1964; une bibliographie d'ensemble très utile), Alvar (1962; très bonne sélection des principales monographies du judéo-espagnol — voir les observations du compte rendu de Fernández Tejera 1965) et Quilis (1963; un excellent choix de 30 titres de phonétique).

Des bibliographies de type spécial sont les catalogues des publications sefardies ou les bibliographies consacrées à certaines œuvres littéraires. Parmi les catalogues de bibliothèques il faut relever Yaari (1934, 1967), travaux devenus classiques par leur haute probité scientifique. Dans le premier on donne un répertoire des livres de *ladino* qui existent dans la Bibliothèque Nationale et dans la Bibliothèque de l'Université de Jérusalem, dans le deuxième on présente l'activité des imprimeurs de Constantinople. Yaari (1934) est complété par les comptes rendus de Besso (1937b) et de Silva Rosa (1936) et par les articles Besso (1937a) et Romero (1968). Voir aussi Yaari (1936, 1958) avec l'activité des imprimeurs du Proche-Orient et Yaari (1960), une bibliographie des publications de Haggadah. Un livre qui ressemble au premier ouvrage de Yaari est celui de Besso (1963a), qui donne une liste de 289 livres judéo-espagnols existant dans la Bibliothèque du Congrès de Washington. Des notes détaillées expliquent les particularités de certains livres ou éditions. Un

77

ample répertoire des livres judéo-espagnols existe dans Kayserling (1890). Révah (1961b) fait connaître la bibliographie des publications folkloriques d'un collectionneur bien connu de Salonique, Y. Yoná. Armistead – Silverman (1963-64) complète cet article de Révah.

Galante (1935b) et Gaon (1965) sont des bibliographies de la presse judéo-espagnole; la deuxième, qui comprend 296 titres de la période 1842-1959, a été l'objet d'un ample compte rendu, avec beaucoup d'observations (Hassán 1966a). Halevy (1963) présente les livres publiés à Jérusalem au siècle passé (1841-1891). Alvar (1965) donne des informations utiles sur les périodiques sefardis. S. Israël (1967) présente une liste de 91 périodiques parus en Bulgarie (dont un grand nombre en bulgare). Romero (1968, 1969-70, 1971a) sont d'excellentes bibliographies du théâtre judéo-espagnol. Hassán (1970) est une intéressante présentation de la bibliographie des publications judéo-espagnoles *aljamiadas* du fonds Molho. Alkalaj (1925-26) contient une liste particulièrement riche des publications de Belgrade de la période 1837-1904.

Besso (1959) est une bonne bibliographie des proverbes sefardis. Le même auteur présente les travaux de R. Menéndez-Pidal où est discuté le romancero judéo-espagnol (Besso 1961). Le problème a été abordé également par Webber (1951-52).

5.2 AUTRES OUVRAGES

Parmi les travaux qui comprennent de riches répertoires bibliographiques mentionnés dans d'autres sections de ce livre, nous retenons: Molho (1960), Renard (1967), Gonzalo Maeso – Pascual Recuero (1964), Benardete (1963) et Marcus (1965) pour le domaine pris dans son ensemble; Kovačec (1968) pour la Yougoslavie; et Bénichou (1968a), Alvar (1966a; cf. le compte rendu Armistead – Silverman 1968c), Armistead – Silverman (1962a, 1963-64, 1971a) – tous pour le romancero; Alvar (1953, 1969a; cf. le compte rendu Pérez Vidal (1955) pour les complaintes); Alvar (1971) pour les chansons de noces. Les trois premiers sont les plus développés. Molho (1960) est une très riche bibliographie classifiée par domaines (linguistique, proverbes, chansons et romances, la Bible, messes, littérature judéo-espagnole, périodiques, catalogues bibliographiques, miscellanea). À consulter avec précaution car il manque une série d'articles, comme l'a remarqué Glaser (1962). Renard (1967) est une riche bibliographie, surtout par la richesse des informations socio-linguistiques. Quelques titres, assez importants, y manquent et il y a aussi quelques erreurs. Gonzalo Maeso – Pascual Recuero (1964) est très riche, avec beaucoup de nouveautés par rapport aux bibliographies précédentes, quoiqu'elle soit, elle aussi, incomplète. Hassán (1966b) a montré que certains titres ne se réfèrent pas au judéo-espagnol, mais bien à des thèmes hébreux-espagnols.

6

PROBLÈMES ACTUELS

Les problèmes qui seront exposés par la suite résultent des expositions précédentes. Nous les avons réunis en deux catégories: les uns se rapportent à l'inventaire des faits, les autres aux méthodes de recherche.

Il est utile d'inventorier les données socio-linguistiques actuelles. On n'a pas d'informations exactes sur toutes les localités où l'on parle aujourd'hui le judéo-espagnol ainsi que sur le nombre de personnes qui l'utilisent, autant de faits importants survenus pendant et après la deuxième guerre mondiale (les colonies d'Orient ont considérablement réduit leur nombre et, par contre, d'autres colonies se sont constituées dans le continent américain). À plus forte raison il n'existe pas un inventaire des contextes où l'on utilise le judéo-espagnol: les situations où il fonctionne comme langue active et celles où il est une langue passive ou limitée à certaines circonstances.

Il s'impose toute une série d'études qui donnent des informations des plus riches sur les parlers sefardis existants. Actuellement, comme nous avons essayé de mettre en évidence dans notre exposé, nous avons des informations très différentes les unes des autres sur les divers parlers. Si pour les uns (Salonique, Constantinople, Bitola, Maroc) les études élaborées jusqu'à présent fournissent de nombreuses indications, pour les autres (Bulgarie, Rhodes, E.U.A., Israël), bien qu'il s'agisse de parlers très intéressants, les informations acquises sont sommaires. Il existe même des situations où nos connaissances sur les parlers de certaines communautés (Dubrovnik, Split, Belgrade) sont extrêmement pauvres ou même inexistantes (dans cette dernière catégorie on peut inclure les communautés des pays de l'Amérique Latine). L'initiation de nouvelles études consacrées aux parlers des différentes communautés sefardies est d'autant plus importante que la grande majorité des informations datent de quelques décennies, ce qui ne peut pas donner la vraie image du stade actuel de ces parlers. La même observation est valable pour les collections de textes. Certaines localités possèdent de riches collections qui facilitent l'étude de la structure de judéo-espagnol (dans le cas des textes avec transcription phonétique) où de la composition du vocabulaire (dans le cas des textes sans transcription phonétique). Il existe, par contre, des localités pour lesquelles le nombre de textes publiés jusqu'à ce jour est infime. À remarquer aussi que les textes enregistrés sur bande magnétique sont très rares.

En général, les études existantes analysent seulement une des variantes fonctionnelles, notamment l'aspect parlé de la langue. Inventorier les particularités des autres variantes demeure un vaste domaine de recherche.

Une place à part dans l'inventaire des faits judéo-espagnols devrait revenir à la langue des centres d'émigration récente (Amérique et Israël). À cette occasion, plusieurs problèmes spéciaux peuvent être envisagés: la conservation des particularités dialectales des anciens centres (l'enquête devra tenir compte de l'origine des émigrés), l'apparition d'une nouvelle langue commune (*koiné*), de nouvelles influences inexistantes avant l'émigration (anglais, espagnol américain, néo-hébreu).

Pour pouvoir acquérir des résultats confrontables il est nécessaire de mettre au point une méthode d'enquête, ce qui pourrait s'obtenir par un questionnaire unique, composé de deux variantes, dont l'une plus ample et l'autre plus réduite. De cette façon, on pourrait créer les prémisses nécessaires pour l'élaboration d'un atlas linguistique des parlers judéo-espagnols existant dans les diverses régions du monde.

Du fait que la grande majorité des études sur le judéo-espagnol ont paru dans les premières décennies de notre siècle, lorsque les recherches dialectales étaient en très grand nombre, on a très peu insisté sur les anciens aspects de l'idiome en question. Leur étude est indispensable à la connaissance des étapes de l'évolution du judéo-espagnol. Aussi s'impose-t-il de publier des éditions philologiques rigoureuses qui soient accompagnées d'études linguistiques. Ce domaine est pratiquement vierge; les quelques contributions de Crews et de Révah ne comptent que très peu encore.

Il est nécessaire de réaliser une série d'études à caractère descriptif qui présentent la structure du judéo-espagnol actuel sans se rapporter à la situation de l'espagnol péninsulaire standard, à partir d'études où soient présentés tous les éléments de cette structure et non pas uniquement ceux par lesquels le judéo-espagnol diffère de l'espagnol de la Péninsule.

Quelques méthodes d'analyse sont faiblement représentées: l'analyse des sons à l'aide de la phonétique expérimentale, les recherches de phonologie et de morphologie structurale sont à peu près inexistantes. Il manque aussi une analyse moderne du vocabulaire. Il serait intéressant d'établir l'inventaire complet du lexique judéo-espagnol (il existe en ce sens quelques projets en voie de réalisation; cf. Hasson 1960) et, surtout, d'un vocabulaire fondamental qui soulignerait une fois de plus le caractère hispanique de cet idiome.

On n'a pas entrepris beaucoup de recherches concernant la position des éléments qui différencient la structure du judéo-espagnol de celle de l'espagnol normatif. Dans les études faites jusqu'à présent on a surtout dressé l'inventaire de ces éléments mais on a donné très rarement des précisions sur leur distribution dans l'ensemble de la structure du judéo-espagnol. Nous n'avons pas de détails quant à la concurrence entre certaines formes morphologiques inexistantes en espagnol standard et celles employées tant en judéo-espagnol qu'en espagnol standard. Nous rapportant aux divers synonymes du judéo-espagnol, nous pouvons faire la même remarque. Les listes de mots empruntés par les parlers sefardis ne suffisent pas à l'appréciation exacte des différentes influences et à la connaissance des rapports entre ces mots empruntés, d'une part, et les mots espagnols, d'autre part. On donne très rarement des détails concernant les contextes où sont utilisés certains mots et ceux où ils ne peuvent figurer, leur place étant occupée par les synonymes.

Pour ce qui est de la manière dont le judéo-espagnol a évolué, il est à remarquer qu'on a surtout insisté sur la particularité la plus frappante, l'archaïsme, et que l'on a négligé l'étude des innovations, bien que cet aspect soit au moins aussi intéressant que le premier, surtout pour la linguistique générale.

7

BIBLIOGRAPHIE

Abraham, R.D.

1960-61 "An Amsterdam version of the Judeo-Spanish Haftara paraphrase", *RomPh* 14 (1960-61): 237-44.

Actas

1964 *Presente y futuro de la lengua española; Actas de la Asamblea de Filología del 1 Congreso de instituciones hispánicas* [Madrid 1963] 1 (Madrid: Ediciones Cultura Hispánica). [contient: Besso (1963b), Molho (1964)]

Adams, K.

1966-67 "Castellano, judeoespañol y portugués: el vocabulario de Jacob Rodrigues Moreira y los sefardíes londinenses", *Sefarad* 26: 221-8, 435-47; 27: 213-25.

Agard, F.B.

1950 "Present-day Judaeo-Spanish in the United States", *Hispania* 33: 203-10.

Algazi, L.

1958 *Chants sephardis*, recueillis et notés par Léon Algazi (= *Publications de la Fédération Séphardite Mondiale, Département Culturel* (Ed.: O. Camhi)) (London: Löwe & Brydonne).

Alkalaj, I.

1925-26 "Jevrejske knjige štampane u Beogradu; prilozi za kulturni život beogradskih Jevreja u prošlom veku" [Livres juifs imprimés à Belgrade; contributions à (l'étude de) la vie culturelle des Juifs de Belgrade au siècle dernier], *Jevrejski almanah* (Vršac) 5686: 132-44.

1927-29 "Arhivska građa o Jevrejima u Srbiji" [Matériaux des archives concernant les Juifs de Serbie], *Jevrejski almanah* (Vršac) 5688 (1927-28): 21-44; 5689 (1928-29): 28-41.

1929-30 "Arhivska građa o Jevrejima u Srbiji; putovanjia srpskih Jevreja u prošlom veku" [Matériaux des archives concernant les Juifs de Serbie; les voyages des Juifs de Serbie au siècle dernier], *Jevrejski almanah* (Vršac) 5690: 101-23.

Alonso, A.

1953 "La ll y sus alteraciones en España y América", in: A. Alonso, *Estudios lingüísticos* 2: *Temas hispano-americanos* (= *Biblioteca Románica Hispánica* 2. *Estudios y ensayos* 12) (Madrid: Gredos), pp. 196-262.

1955 *De la pronunciación medieval a la moderna en español*, ultimado y dispuesto para la imprenta por Rafael Lapesa (= *Biblioteca Románica Hispánica* 1. *Tratados y monografías* 5) (Madrid: Gredos). [contient "Reliquias en judeo-espagñol", pp. 120-3].

Alonso Garcia

1970 *Literatura oral del ladino entre les sefardíes de Oriente a través del Romancero* (Madrid Gráficas Soler) [rec.: Armistead – Silverman (1972c)].

Altbauer, M.

1955-56 "Bulgarismi nel 'giudeo-spagnolo' degli Ebrei di Bulgaria", *RSlav* 4: 72-5.

Alvar, M.

1951a "El romance de Gerineldo entre los sefarditas marroquíes", *Boletín de la Universidad de Granada, Letras* 23: 127-44.

84

1951b "Romances de Lope de Vega vivos en la tradición oral marroquí", *RF* 63: 282-305.

1951-52 "Cinco romances de asunto novelesco recogidos en Tetuán", *ER* 3: 57-87.

1952 "Cantos de muerte judeo-españoles", *Clavileño* 3(16): 29-36. [résumé de Alvar (1953); texte remanié: *Revista do livro* 20 (1960): 19-31].

1953 *Endechas judeo-españolas; estudio léxico y vocabulario* (= *Colección filológica* 3) (Granada: Universidad de Granada). [texte entièrement remanié de Alvar (1952); cf. Pérez Vidal (1955), D. Romano (1956), Veny Clar (1956-57) et Alvar (1969a)].

1954 "Los romances de 'La bella en misa' y de 'Virgilios' en Marruecos", *Archivum* 4: 264-76.

1955 "Cantos de boda judeo-españoles de Marruecos", *Clavileño* 6: 12-23. [résumé de Alvar (1971)].

1956 "Amnón y Tamar en el romancero marroquí", *VR* 15.2: 241-58.

1957 "Precisiones en torno a las endechas judeo-españolas", *Sefarad* 17: 129-43.

1958 "Judeo-español *saeta* 'endecha' ", *CLing* 3.supplément (= *Mélanges linguistiques offerts à Emil Petrovici par ses amis étrangers à l'occasion de son soixantième anniversaire*): 31-4.

1960 *Textos hispánicos dialectales; antología histórica* 2 (= *Revista de filología española, Anejo* 73) (Madrid: Consejo Superior de Investigaciones Científicas). [notamment "judéo-espagnol", pp. 729-92; rec.: Sala (1962d)].

1962 *Dialectología española* (= *Cuadernos bibliográficos* 7) (Madrid: Consejo Superior de Investigaciones Científicas). [sur le judéo-espagnol, pp. 77-81] [rec.: Fernández Tejera (1965)].

1963 "Interpretaciones judeo-españolas del árabe gabba", *RomPh* 17 (1963-64): 322-8.

1964 "El ideal de belleza femenina en las canciones de boda sefardíes", *Folia humanistica* 2: 651-63.

1965 "Un 'descubrimiento' del judeo-español", in *Hommage* Benardete (1965: 363-6). [republié dans Alvar (1969b: 193-9)].

1966a *Poesía tradicional de los judíos españoles* (= *Sepuan cuantos* 43) (Mexico: Editorial Porrúa). [rec.: Armistead – Silverman (1968c)].

1966b *Romancero judeo-español de Marruecos* (Las Palmas de Gran Canaria: Universidad Internacional de Canarias).

1967 "Sefardíes en una novela de Ivo Andrić", *RLR* 31: 267-71. [républié dans Alvar (1969b: 201-8)].

1969a *Endechas judeo-españolas*[2], edición refundida y aumentada con notación de melodías tradicionales por María Teresa Rubiato (= *Publicaciones de estudios sefardíes* 2.*Literatura* 2) (Madrid: Instituto Arias Montano). [cf. la première édition Alvar (1953)].

1969b *Variedad y unidad del español; estudios lingüísticos desde la historia* (= *El Soto; estudios de crítica y filología* 9) (Madrid: Editorial Prensa Española). [republication de Alvar (1965, 1967)].

1971 *Cantos de boda judeo-españoles*, con notación de melodías tradicionales por María Teresa Rubiato (= *Publicaciones de estudios sefardíes* 2.*Literatura* 1) (Madrid: Consejo Superior de Investigaciones Científicas, Instituto Arias Montano). [texte entièrement remanié de Alvar (1955)].

Arce, P.A., O.F.M.

1961 "Cinco nuevos romances del Cid", *Sefarad* 21: 69-75.

Arditti, B.J.

1968 *The Jews in Bulgaria; the community in Shumla* (Holon). [en hébreu].

Armistead, S.G. – J.H. Silverman

1959 "Dos romances fronterizos en la tradición sefardí oriental", *NRFH* 13: 88-97. [republié dans: *Davar* (Buenos Aires) 88 (1961): 74-80].

1960a "Hispanic balladry among the Sephardic Jews of the West Coast", *Western folklore* 19: 229-44. [version espagnole dans: *Davar* (Buenos Aires) 102 (1964): 17-31].

1960b Compte rendu de I. Levy (1959-71 1), *NRFH* 14: 345-9. [cf. Armistead – Silverman (1971e)].

1962a "A new Sephardic *Romancero* from Salonika", *RomPh* 16 (1962-63): 59-82. [= compte rendu de la première édition de Attias (1961)].

1962b *Diez romances hispánicos en un manuscrito sefardí de la Isla de Rodas*, con un prólogo de R. Menéndez Pidal (= *Istituto di letteratura spagnola e ispano-americana dell' Università di Pisa* 3) (Firenze: Giuntina). [rec.: Solá-Solé (1966)].

1962c "Sobre unos romances del Cid recogidos en Tetuán", *Sefarad* 22: 385-96.

1962d "El romance de *Celinos y la adúltera* entre los sefardíes de Oriente", *AdL* 2: 5-14.

1963 "A Judeo-Spanish derivative of the ballad of *The Bridge of Arta*", *JAF* 76: 16-20. [version espagnole remaniée: *Davar* (Buenos Aires) 107 (1965): 97-104].

1963-64 "Algo más para la bibliografía de Yacob Abraham Yoná", *NRFH* 17: 315-37.

1964a "Sobre unos versos del Cantar de gesta de las *Mocedades de Rodrigo* conservados tradicionalmente en Marruecos", *AdL* 6: 95-107.

1964b "A Judeo-Spanish Kompla and its Greek counterpart", *Western folklore* 23: 262-4. [version espagnole remaniée: *Davar* (Buenos Aires) 112 (1967): 120-2].

1965a "Judeo-Spanish ballads in a MS by Salomon Israel Cherezli", in *Hommage Benardete* (1965: 367-87).

1965b "Christian elements and de-Christianization in the Sephardic *Romancero*", in: *Collected studies in honor of Américo Castro's eightieth year* (Boars Hill, Oxford: The Lincombe Lodge Research Library), pp. 21-38.

1966a "Un romancerillo de Yacob Abraham Yoná", in: *Homenaje a Rodríguez-Moñino: estudios de erudición que le ofrecen sus amigos o discípulos hispanistas norteamericanos* 2 (Madrid: Castalia), pp. 9-16.

1966b "A new collection of Judeo-Spanish ballads", *Journal of the Folklore Institute* 3: 133-53.

1968a "*Selví*: una metáfora oriental en el romancero sefardí", *Sefarad* 28: 213-9.

1968b "Jud.-Sp. *alazare*: An unnoticed congener of Cast. *alazán*", *RomPh* 21 (1967-68): 510-2.

1968c Compte rendu de Alvar (1966a), *RomPh* 22 (1968-69): 235-42.

1968d "*Las Complas de las flores y la poesía popular de los Balcanes*", *Sefarad* 28: 395-8.

1968-69a "Las *Complas dela muerte como llama a vn poderoso Cauallero* y una endecha judeoespañola de Esmirna", *AdL* 7 (= *Homenaje a Menéndez Pidal*): 171-9.

1968-69b "Three 18th-century Sephardic ballads from Bosnia", in: *American Society of Sephardic Studies* series 1 (Ed.: I.J. Lévy *et alii*) (New York: The Sephardic Studies Program, Yeshiva University), pp. 7-11. [républié dans Armistead – Silverman (1971a)].

1969 Compte rendu de Colin Smith (1964), *HR* 37: 407-12.

1970a "Exclamaciones turcas y otros rasgos orientales en el romancero judeo-español", *Sefarad* 30: 177-93.

1970b "Arabic refrains in a Judeo-Spanish *Romance*", *Iberromania* 2: 91-5.

1970c "Para un gran Romancero sefardí", in Hassán (1970b: 281-94).

1970d "The Judeo-Spanish ballad chapbook; *'Endeğas de θišᶜāh bĕ-Āb*", *HR* 38: 47-55.

1971a *Judeo-Spanish ballads from Bosnia*, edited by S.G. Armistead and J.H. Silverman with the collaboration of Biljana Šljivić-Simšić (= *University of Pennsylvania publications in folklore and folklife* 4) (Philadelphia: University of Pennsylvania Press). [republication de Armistead – Silverman (1968-69b); contient la version anglaise de Baruch (1933)].

1971b Compte rendu de Bénichou (1968a), *MLN* 86: 295-7.

1971c *The Judeo-Spanish ballad chapbooks of Yacob Abraham Yoná* (= *Folk literature of the Sephardic Jews* 1) (Berkeley -- Los Angeles – London: University of California Press).

1971d "Sobre algunas fuentes romancísticas de Michael Molho", *Sefarad* 31: 457-61.

1971e Compte rendu de I. Lévy (1959-71 2, 3), *Sefarad* 31: 462-4. [cf. Armistead – Silverman (1960b)].

1971f "Un aspecto desatendido de la obra de Américo Castro", in: *Estudios sobre la obra de Américo Castro*, dirección y prólogo de Pedro Lain Entralgo, con la colaboración de Andrés Amorós ([*s.l.*], Taurus), pp. 182-90.

1972a "A new semantic calque in Judeo-Spanish: *reinado* 'belongings, property' ", *RomPh* 26 (1972-73): 55-7.

1972b "*Complas nuevas*: un romancerillo desconocido de Yacob A. Yoná", *Sefarad* 32: 225-9.

1972c Compte rendu de Alonso García (1970), *HR* 40: 224-5.

Arribas Palau, M.

1954 "Las comunidades israelitas bajo los primeros sa'díes", in *Hommage* Millàs Vallicrosa (1954-56 1: 45-65).

Attias, M.

1961 *Romancero sefardí; romanzas y cantes populares en judeo-español; recogidos de boca des pueblo y en parte copiados de manuscritos²*, traducidos al hebreo, con una introducción, anotaciones y un glosario por ~ (Jérusalem: Kiryat-Sefer – Instituto Ben-Zewi, Universidad Hebrea). [rec.: Armistead – Silverman (1962a); 1ᵉ édition: (1956)].

1970a "Sobre la poesía popular judeo-española", in Hassán (1970a: 295-305).

1970b "The work in Ladino of Rabbi Abraham Toledo", *Shevet va'Am*, 2ᵉ série 1 (6): 116-35). [en hébreu] [rec.: Hassán (1971c)¹.

1972 *Cancionero judeo-espanol.* Canciones populares en judeo-español. Fraducidas al hebreo introducción J notas. Notación de treinta y nueve melodiás tradicionales (Jérusalem; Centro de Estudios sobre el judaismo de Salónica, Tel Aviv) [en Hébrew] .

Attias, M. – A. Capdevila – C. Ramos Gil

1964 *Supervivencia del judeoespañol* (Cuadernos israelies 9) (Jérusalem: Instituto Central de Relaciones Culturales Israel-Iberoamérica, España y Portugal).

Avenary, H.

1960 "Études sur le cancionero judéo-espagnol (16ᵉ et 17ᵉ siècles)", *Sefarad* 20: 377-94.

1971 "Cantos españoles antiguos mencionados en la literatura hebrea", *Anuario musical* 25: 67-79.

Bar-Lewaw, I.

1968 "Aspectos del judeo-español de las comunidades sefardíes en Atlanta, Ga. y Montgomery, Ala. (EE.UU.)", in Quilis (1968: 2109-25).

Barasch, J.

1877 "Ceva despre israeliţii noştri spanioli" [Quelque chose sur nos israélites espagnols], *Calendar pentru israeliți pe anul 5638 (1877-78)* (Bacău) 1: 97-8.

Barnils, P.
1917 "Notes fonétiques disperses 1: Sobre el parlar judeu-espanyol", *Estudis fonè·tics* 1: 303-10.

Barocas, D.N.
1969 *Albert Matarasso and his Ladino* (The Foundation for the Advancement of Sephardic Studies and Culture) (New York).

Baruch, K. [= K. Baruh]
1923 "La lingua de los sefardim", *El mundo sefardí* 1.1: 20-5. [republié, en transcription, dans Wagner (1930a: 106-13)].
1930 "El judeo-español de Bosnia", *RFE* 17: 113-54.
1933 [K. Baruh,] "Spanske romanse bosankih Jevreja" [Romances espagnoles des Juifs de Bosnie], *Godišnjak izdaju La Benevolencia i Potpora* (Sarajevo – Belgrade) 5694 (1933): 272-88. [republié dans Baruch (1952: 183-204); version anglaise: Armistead – Silverman (1971a: 35-58)].
1935 [K. Baruh,] "Les Juifs balkaniques et leur langue", *Revue internationale des études balkaniques* 1.2 (1934-35): 511-7 (= *Les Balkans, leur passé et leur présent*, pp. 173-9). [la version serbo-croate dans *Knjiga o Balkanu* 1 (Belgrade 1936), pp. 280-6 est republiée dans Baruch (1952: 175-82)].
1952 [K. Baruh,] *Eseji i članci iz španska književnosti* [Essais et articles sur la littérature espagnole] (Sarajevo: Svjetlost). [republication de Baruch (1933, 1935)]

Bedarida, G.
1956 *Ebrei di Livorno: tradizioni e gergo in 180 sonetti giudaico-livornesi* (Firenze: Le Monnier).

Beinart, H.
1970 "La formation del mundo sefardí", in Hassán (1970b: 43-8).

Benardete, M.J.
1953 *Hispanic culture and character of Sephardic Jews* (New York: Hispanic Institute in the United States). [traduction espagnole par M. Aguilar (Madrid: Aguilar 1963); cf. Benardete (1954)].
1954 "Cultural erosion among the Hispano-Levantine Jews", in *Hommage* Millàs Vallicrosa (1954-56 1: 125-53). [= un chapitre de Benardete (1953)].

Benarroch, C.
1970 "Ojeada sobre el judeoespañol de Marruecos", in Hassán (1970b: 263-75).

Benavides Moro, N.
1952 "Variante sefardí de un romance de asunto leonés", *Archivos Leoneses* 6 (janvier-juin): 97-102.

Benharoche-Baralia, M.J.
1961 *Chants hébraïques traditionnels en usage dans la communauté sephardie de Bayonne*, recueillies par ~, avec le concours de M. Alvarez-Pereyre, préface de L. Algazi (Biarritz).

Bénichou, P.
1944 "Romances judeo-españoles de Marruecos", *Revista de Filología Hispánica* 6: 36-76, 105-38, 255-79, 313-81. [version remaniée dans Bénichou (1968a: 9-303)].
1945 "Observaciones sobre el judeo-español de Marruecos", *Revista de Filología Hispánica* 7: 209-58.
1948 "Formas de *insipidum* en latín y sus derivados españoles", *NRFH* 2: 265-8.
1960a "El cancionero lírico judeo-español de Marruecos", *NRFH* 14: 97-102.
1960b "Notas sobre el judeo-español de Marruecos en 1950", *NRFH* 14: 307-12.
1961 "Nouvelles explorations du romancero judéo-espagnol marocain", *BHi* 63: 217-48. [version espagnole dans Bénichou (1968a: 307-46)].

88

1968a *Romancero judeo-español de Marruecos* (= *La lupa y el escalpelo* (Ed.: A. Rodríguez-Moñino) 8) (Madrid: Castalia). [rec.: Armistead – Silverman (1971b); cf. Bénichou (1944, 1961)].

1968b *Creación poética en el romancero tradicional* (= *Biblioteca Románica Hispánica*. z. *Estudios y ensayos* 108) (Madrid: Gredos).

Benoliel, J.

1926-52 "Dialecto iudeo-hispano-marroquí o hakitía", *BAE* 13 (1926): 209-33, 342-63, 507-38; 14 (1927): 137-68, 196-234, 357-73, 566-80; 15 (1928): 47-61, 188-223; 32 (1952): 255-89.

Berenblut, M.

1949-50 "Some trends in mediaeval Judaeo-Romance translations of the Bible", *RomPh* 3: 258-61.

Berger, S.

1899 "Les Bibles castillanes", *Romania* 28: 360-408, 508-42.

Besso, H.V.

1935 "A further contribution to the Refranero Judeo-español", *BHi* 37: 209-19.

1937a "Judeo-Spanish books in Hebrew University", *JewQR* 28: 82-5. [= compte rendu de Yaari (1934)].

1937b Compte rendu de Yaari (1934), *BHi* 39: 265-8.

1937-39 "Dramatic literature of the Spanish and Portuguese Jews of Amsterdam in the 17th and 18th centuries", *BHi* 39 (1937): 215-38; 40 (1938): 33-47, 158-75; 41 (1939): 316-44. [en volume: (New York: Hispanic Institute 1947)].

1948 "Judeo-Spanish proverbs, their philosophy and their teaching", *BHi* 50: 370-87.

1951 "Judeo-Spanish in the United States", *Hispania* 34: 89-90.

1952 "Bibliografía sobre el judeo-español", *BHi* 54: 412-22. [republié dans *Tribuna Israelita* 8.93 (1952): 28-32].

1959 "Introduction to a bibliography of Sephardic proverbs", *Le judaïsme séphardi* (nouvelle série) 18: 822-7.

1961 "Don Ramón Menéndez Pidal and the 'Romancero sefardí' ", *Sefarad* 21: 343-74.

1962 "Literature judeo-española", *Thesaurus* 17: 625-51. [version anglaise remaniée: *Le judaïsme séphardi* 23 (1961): 1016-22].

1963a *Ladino books in the Library of Congress; a bibliography*, compiled by H.V. Besso (= *Hispanic Foundation, bibliographical series* 7) (Washington: Superintendent of Documents, U.S. Government Printing Office). [première version: *MEAH* 7 (1959): 55-134].

1963b "Situación actual del judeo-español", *Arbor* 55 (212-3): 155-72. [republié dans *Presente y futuro* (1964): pp. 307-24. See *Actas* 1964].

1966 "Muestras del judeo-español con illustraciones en cinta magnetofónica de canciones y romances sefardíes", in: *4 Congreso de Academias de la Lengua Española celebrado en Buenos Aires del 30 noviembre al 10 de diciembre de 1964, Actas y labores* (Buenos Aires: Academia Argentina de Letras), pp. 410-32. [rec.: Hassán (1967)].

1967 "Causas de la decadencia del judeo-español", in Sanchez Romeralo – Poullsen (1967: 207-15).

1970 "Decadencia del judeo-español; perspectivas para el futuro", in Hassán (1970b: 249-61).

Bidjarano, H.

1885 "Los judíos españoles de Oriente: Lengua y literatura popular", *Boletín de la Institución Libre de Enseñanza* (Madrid) 9: 23-7.

Blondheim, D.S.

1912 "Judéo-espagnol *abediguar*", *Romania* 41: 265.

1923 "Essai d'un vocabulaire comparatif des parlers romans des Juifs au Moyen Âge", *Romania* 49: 1-47, 343-88, 526-69.

1924a "Les parlers judéo-romans et la *Vetus Latina*", *Romania* 50: 541-81.

1924b "Additions et corrections au vocabulaire comparatif des parlers romans des Juifs au Moyen Âge", *Romania* 50: 582-90.

1927 "Notes judéo-romanes", in: *Mélanges de philologie et d'histoire offerts à M. Antoine Thomas par ses élèves et ses amis* (Paris: Champion), pp. 35-41.

1931 Compte rendu de Wagner (1930a), *ASNS* 160: 149-51.

1932 Compte rendu de Solalinde (1929-30), *RFE* 19: 68-73.

Botton Burlá, F.

1971 Compte rendu de Sala (1970a), *AdI.* 9: 287-92.

Cantera, F.

1954 "Hebraismos en la poesía sefardí", in *Hommage* Menéndez Pidal (1950-57 5: 67-98).

1959 Compte rendu de Estrugo (1958a), *Sefarad* 19: 170-1.

1970 Compte rendu de Vilar Ramírez (1968-69), *Sefarad* 30: 427-8.

Cantera, J.

1958 *Los sefardíes* (= *Temas españoles* 352) (Madrid: Publicaciones españolas). [version française remaniée: *Les Sephardim* (= *Thèmes espagnols* 352) (Madrid: Publications espagnoles 1965)].

1964a "Una lengua que desaparece: el judeoespañol", *Las ciencias* 29: 252-7.

1964b "Longevidad y agonia del judeoespañol de Oriente", *Arbor* 222: 148-56.

Casartelli, M.A.

1961 "La lengua española en Israel", *Revista de la Universidad Nacional de Córdoba* 2.2: 411-23.

Castro, A.

1922 "Entre los hebreos marroquíes: la lengua española de Marruecos", *Revista Hispano-Africana* 1.5: 145-6.

Cherezli, S.I.

1898-99 *Nouveau petit dictionnaire judéo-espagnol-français*, 2 vol. [1: (Jérusalem: Imprimerie de A.M. Luncz 1898); 2: (Jérusalem: Imprimerie de S. Zuckermann 1899)] [en caractères hébraïques].

Cirot, G.

1906-08 "Recherches sur le Juifs espagnols et portugais à Bordeaux", *BHi* 8 (1906): 172-89, 279-96, 383-91; 9 (1907): 41-66, 263-76, 386-400; 10 (1908): 68-86, 157-92, 259-85, 353-67. [cf. Cirot (1922)].

1907 Compte rendu de Pulido y Fernández (1905), *BHi* 9: 429-32.

1922 "Recherches sur les Juifs espagnols et portugais à Bordeaux; les vestiges de l'espagnol et du portugais dans le parler des Juifs bordelais (supplément)", *BHi* 24: 41-66, 203-24. [cf. Cirot (1906-08)].

1933 Compte rendu de Wagner (1930a) et Luria (1930a), *BHi* 35: 319-22.

1936 "*Ladino* et *aljamiado*", *BHi* 38: 538-40.

1940 "Quelques publications récentes sur les ≪ Sephardim ≫ ", *BHi* 42: 140-52.

Cirot, G. – J. Benoliel

1935 "À propos des Juifs portugais", *BHi* 37: 487-9.

Cocco, V.

1962-63 Compte rendu de Crews (1957), *RPE* 12: 710-1.

Colin Smith, C. (ed.)

1964 *Spanish ballads* (= *The Commonwealth and International Library*. Pergamon

90

Oxford Spanish series (Ed.: H. Lester – G. Ribbans – R.B. Tate)) (Oxford – London – Edinburgh – New York – Paris – Frankfurt: Pergamon Press). [rec.: Armistead – Silverman (1969)].

Combet, L.
1966 "Lexicographie judéo-espagnole: *Dío* ou *Dió; judío* et *judió*", *BHi* 68: 323-37.

Corré, A.D.
1957 "The Spanish Haftara for the Ninth of Ab", *JewQR, new series* 48: 13-34.
1968 "Una elegia judeo-española para el nueve de 'Ab", *Sefarad* 28: 399-402.

Correa Calderón, E.
1957 Compte rendu de Saporta y Beja (1957), *Sefarad* 17: 402-4.
1960 "Sobre la literatura sefardita, a propósito de un libro de Michael Molho", in Molho (1960: ix-xxvii).
1963 "Jud.-esp. *i* 'también' ", *RFE* 46: 149-61.
1968 "Sobre algunos metaplasmos en judeo-español", *Sefarad* 28: 220-6.
1970 "Hacía un corpus paremiológico judeo-español de los Balcanes", in Hassán (1970b: 307-17).

Crews, C.M.
1932 "Judaeo-Spanish folktales in Macedonia", *Folk-lore; a quarterly review of myth, tradition, institution, and custom* 43: 193-7.
1935 *Recherches sur le judéo-espagnol dans les pays balkaniques* (= *Société de publications romanes et françaises* (Ed.: Mario Roques) 16) (Paris: Droz). [rec.: Entwistle (1937), Farhi (1938), Révah (1938), Wagner (1936)].
1937 Compte rendu de Jopson (1936), *BHi* 39: 269-71.
1951 Compte rendu de Wagner (1950a), *VR* 12 (1951-52): 192-8.
1953a "*Hordeolus, hordeum, avena*", *Orbis* 2: 355-7.
1953b Compte rendu de W. Schmid, *Der Wortschatz des Cancionero de Baena* (Bern: Francke 1951), *VR* 13 (1953-54): 206-9.
1955a "Some Arabic and Hebrew words in Oriental Judaeo-Spanish", *VR* 14: 296-309.
1955b Compte rendu de *Los Fueros de la Novenera* (Ed.: G. Tilander) (Stockholm – Uppsala: Almqvist & Wiksell 1951), *RomPh* 9 (1955-56): 232-7.
1955c Compte rendu de Malkiel (1954), *VR* 14: 375-80.
1955-56 "Notes on Judaeo-Spanish", *PLPLS* 7: 192-9, 217-30; 8: 1-18. [rec.: Wagner (1956)].
1957 "Miscellanea Hispano-Judaica", *VR* 16: 224-45. [rec.: Cocco (1962-63); cf. Crews (1961)].
1959 Compte rendu de Estrugo (1958a), *BHS* 36: 113-4.
1960 "Extracts form the *Meam Loez* (Genesis) with a translation and a glossary", *PLPLS* 9: 13-106. [rec.: Giese (1961), Sala (1961b)].
1961 "Miscellanea Hispano-Judaica 2", *VR* 20: 13-38. [cf. Crews (1957)].
1962a "Reflections on Judaeo-Spanish by a Spanish Jew", *VR* 20: 327-34.
1962b "The vulgar pronunciation of Hebrew in the Judaeo-Spanish of Salonica", *JJewS* 13: 83-95.
1963 "A Judeo-Spanish medical MS (ca. 1400-1450)", *VR* 22: 192-218. [cf. Crews (1965)].
1965 "Corrigenda in 'A Judeo-Spanish medical MS (ca. 1400-1450)' (*VRom.* 22 (1964) [sic!]: 192-218)", *VR* 24: 132-3. [cf. Crews (1963)].
1966 "A possibly italianate Judeo-Spanish MS", in: *Scritti sull 'Ebraismo in memoria di Guido Bedarida* (Firenze), pp. 63-9.
1967 "One hundred medical recipes in Judeo-Spanish of ca. 1600", *REJuiv* 126: 203-63.
1970 "Some data concerning medical nomenclature in sixteenth-century Judeo-

Spanish", in Hassán (1970b: 243-7).

Crews, C.M. – J.P. Vinay
1939 "Quelques observations supplémentaires sur le parler judéo-espagnol de Salonique", *BHi* 41: 209-35.

Criado de Val, M.
1970 "Posibilidades de conservación del judeo-español por medio de versiones litera-
rias". in Hassán (1970b: 277-9).

Cuervo, R.J.
1954 *Obras* 1, estudio preliminar por F.A. Martínez (= *Clásicas Colombianos* 1) (Bogotá: Instituto Caro y Cuervo). [apéndice B al prólogo de "Apuntaciones críti-
cas sobre el lenguaje bogotano", pp. 94-101; 9e édition: (1955)].

Danon, A.
1896 "Recueil de romances judéo-espagnoles chantées en Turquie, avec traduction
française, introduction et notes", *REJuiv* 32: 102-23, 263-75; 33: 122-39,
255-68.
1900-01 "La communauté juive de Salonique au 16e siècle", *REJuiv* 40: 206-230;
41: 98-117, 250-65.
1903 "Proverbes judéo-espagnols de Turquie", *ZRPh* 27: 72-96.
1903-04 "Essai sur les vocables turcs dans le judéo-espagnol", *Keleti Szemle* 4: 216-
29; 5: 111-26.
1907 "Quelques Pourim locaux", *REJuiv* 54: 113-25.
1913 "Le turc dans le judéo-espagnol", *Revue hispanique* 29: 5-12.
1922 "Les éléments grecs dans le judéo-espagnol", *REJuiv* 75: 211-6.

Davids, W.
1910 "Bijdrage tot de studie van het Spaansch en Portugeesch in Nederland naar
aanleiding van de overblijfselen dier taalen in de taal der Portugeesche Israëli-
ten te Amsterdam", in: *Aandelingen van het zesde Nederlandsche philologen-
congres* (Leiden: Sijthoff), pp. 141-54.

Devoto, D.
1961 "Nota adicional sobre las melodias de los 'Romances de Tetúan' ", *BHi* 63:
249-50.
1963 Compte rendu de Molho (1960), *BHi* 65: 186-7.

Díaz Esteban, F.
1969 Compte rendu de Lazar (1964), *Sefarad* 29: 368-70.

Diaz-Plaja, G.
1934 "Aportación al cancionero judeo español del Mediterráneo oriental", *Boletín
de la Biblioteca Menéndez y Pelayo* (Santander) 16: 44-61.

Doppagne, A.
1968 "Le judéo-espagnol en Belgique", in Quilis (1968: 2141-4).

Elazar, S.
1966 "Narodna medicina Sefardskih Jevreja u Bosni" [Médicine populaire chez les
Juifs Séfardim en Bosnie], in Kamhi (1967: 155-66).

Elnecavé, D.
1963-65 "Folklore de los sefardíes de Turquía", *Sefarad* 23 (1963): 121-33, 325-34;
24 (1964): 121-36; 25 (1965); 189-212.

Emmanuel, I.S.
1936 *Histoire des Israélites de Salonique* 1: *(140 av. J.-C. à 1640) Histoire sociale,
économique et littéraire de la ville Mère en Israel*, illustrée par 19 clichés, avec
une lettre à l'auteur de S.E. Ben-Siva M. Ouziel, Grand Rabbin de Jaffa et Tel-
Aviv (Thonon-les-Bains: Société d'Édition Savoyarde).

Entwistle, W.J.
1936 *The Spanish language together with Portuguese, Catalan, and Basque* (= *The*

great languages (Ed.: W.J. Entwistle)) (London: Faber & Faber). [2e édition = réimpression: (1951); sur le judéo-espagnol, pp. 177-83] [rec.: Rosenblat (1939)].

1937   Compte rendu de Crews (1935), *MLR* 32: 120-1.

Eshkenazi, E.

1968   Евреите на балканския полуостров през 15 и 16 век; техният бит, култура, класови разслоения, поминък и организация на общините им [Au sujet de la question sur l'histoire des Juifs aux Balkans depuis la formation de l'État bulgare à sa chute sous la domination turque], Годишник (Sofia) 3.1: 127-50. [résumé russe, pp. 216-7; anglais, pp. 234-5; allemand, pp. 252-3; français, pp. 270-1; espagnol, pp. 288-9].

1969   "Животът на евреите на балканския полуостров през 15 и 17 векове" [The way of life of the Jews in the Balkan Peninsula during the fifteenth and seventeenth centuries], Годишник (Sofia) 4: 135-57. [résumé anglais, pp. 215-6].

1970   "Jewish documents about Jews murdered and robbed on the Balkan Peninsula during the 16th and the 17th centuries", Годишник—*Annual* (Sofia) 5: 73-102.

1971   "Economy, way of life, and culture of the Jews in the Balkan peninsula during the 18th century", Годишник—*Annual* (Sofia) 6: 151-78.

Estrugo, J.M.

1958a   *Los sefardies* (La Habana: Lex). [rec.: F. Cantera (1959), Crews (1959), Lida (1959)].

1958b   "Reminiscencias de la judería sefardí del cercano Oriente", *RDyTP* 14: 70-7.

Farhi, G.

1937   "La situation linguistique du séphardite à Istanbul", *HR* 5: 151-8.

1938   Compte rendu de Crews (1935), *VR* 3: 304-14.

Fernández Tejera, E.

1965   Compte rendu de Alvar (1962), *Sefarad* 25: 213-4.

Foulché-Delbosc, R.

1894   "La transcription hispano-hébraïque", *Revue hispanique* 1: 22-33.

1895   "Proverbes judéo-espagnols", *Revue hispanique* 2: 312-52.

Franchi, B.

1939   "Gli Ebrei in Dalmazia", *San Marco; organo della Federazione dei Fasci di Combattimento della Dalmazia* (Zara [= Zadar]) 17: 1-66.

Franco, M.

1893   "Les Juifs de l'Empire Ottoman au dix-neuvième siècle", *REJuiv* 26: 111-30.

1897   *Essai sur l'histoire des Israélites de l'Empire ottoman, depuis les origines jusqu'à nos jours* (Paris: A. Durlacher).

Frenk Alatorre, M.

1960   "El antiguo cancionero sefardí", *NRFH* 14: 312-8.

Gabinskij, M.A.

1967a   "Балканская утрата инфинитива в свете данных сефардистики" [La perte de l'infinitif dans les langues balkaniques à la lumière des faits sefardis], in: Проблемы диахронии в изучении романских языков; тезисы докладов 21-24 июня 1967 года (Minsk: Минский Государственный Педагогический Институт Иностранных Языков, pp. 44-7.

1967b   "Зачатки утраты инфинитива в сефардских говорах Македонии (этимологический аспект)" [Les débuts de la perte de l'infinitif dans les parlers sefardis de la Macédoine (aspect étymologique)], Македонски Јазик

17: 69-78. [cf. Gabinskij (1969)].

1967c Возникновение инфинитива как вторичный балканский процесс (на материале албанского языка) [Développement de l'infinitif en tant que processus balkanique secondaire (selon les données de l'albanais)] (Léningrade: Nauka). [sur le judéo-espagnol, pp. 23, 28, 37, 46, 49, 75, 127, 255, 256].

1968 "Сефарда ка сурсэ де информацие балканоложикэ" [Le judéo-espagnol comme source d'information balkanologique], Лимба ши литература молдовеняскэ 11: 42-51.

1969 "Этиология балканской утраты инфинитива в свете фактов сефардского языка" [L'étiologie de la perte de l'infinitif dans les langues balkaniques à la lumière des faits judéo-espagnols], RRLing 14: 539-48. [version présque identique de Gabinskij (1967b); variante abrégée, en roumain, publiée dans Rosetti (1971: 1281-4)].

1970a "Балканская утрата инфинитива в свете данных сефардистики (на материале говоров Македонии)" [La perte de l'infinitif dans les langues balkaniques à la lumière des faits judéo-espagnols (données fournies par les parlers de la Macédoine)], in: Проблемы диахронии и синхронии в изучении романских языков. Материалы 3 всесоюзного совещаня по романским языкам (Минск 21-24 июня 1967 года) (Minsk) 2, pp. 204-18.

1970b Появление и утрата первичного албанского инфинитива (К проблеме инфинитивности в балканских языках) [Apparition et disparition de l'infinitif primaire en albanais (à propos du problème de l'infinitif dans les langues balkaniques)] (Léningrade: Nauka) [sur le judéo-espagnol, pp. 19, 27-28, 47, 81, 97, 110, 158-9, 208-9, 221-2, 224, 241, 257, 266-8, 286, 304, 308].

Galante, A.

1902 "Proverbes judéo-espagnols", Revue hispanique 9: 440-54.

1903 "Quatorze romances judéo-espagnols", Revue hispanique 10: 594-606.

1907 La langue espagnole en Orient et ses déformations; conférence faite le 4 mars 1907 à l'Institut Egyptien (Le Claire: Karmona et Zara).

1927 Hommes et choses juifs portugais en Orient (Constantinople: Fr. Haïm).

1931 Documents officiels turcs concernant les Juifs de Turquie; recueil de 114 lois, règlements, firmans, bérats, ordres et décisions de tribunaux, traduction française (Stamboul: Haim, Rozio et Co.).

1932 Turcs et Juifs; étude historique, politique (Stamboul: Haim, Rozio et Co.). [cf. Galante (1937)].

1935a Histoire des Juifs de Rhodes, Chio, Cos, etc. (Istanbul: Fratelli Haim). [cf. Galante (1948a)].

1935b "La presse judéo-espagnole mondiale", Haménora 13: 186-99.

1935c Le Juif dans le proverbe, le conte et la chanson orientaux (Istanbul: Fratelli Haim).

1937 Appendice à l'ouvrage: Turcs et Juifs, étude historique, politique, avec 5 facsimilés de divers documents (Galata – Istanbul: Babok). [cf. Galante (1932)].

1937-39 Histoire des Juifs d'Anatolie, 2 vol. (Istanbul: Babok). [1: Les Juifs d'Izmir (Smyrne) (1937)].

1941-42 Histoire des Juifs d'Istanbul depuis la prise de cette ville, en 1453, par Fatih Mehmed II, jusqu'à nos jours, 2 vol. (Istanbul: Hüsnütabiat).

1948a Appendice à l'Histoire des Juifs de Rhodes, Chio, Cos, etc. et Fin tragique des communautés juives de Rhodes et de Cos, œuvre du brigandage hitlérien (Istanbul: Kâğit ve Basım Işleri A.Ş.).

94

1948b   *Appendice à l'Histoire des Juifs d'Anatolie* (Istanbul: Kâğit ve Basım İşleri A.Ş.).

1948c   *Türkçenin Ispanyolca üzerine teesiri* [Influence du turc sur l'espagnol] (Istanbul: Kâğit ve Basım İşleri A.Ş.).

1949   *Recueil* [1ᵉ] *de nouveaux documents inédits concernant l'Histoire des Juifs de Turquie* (Istanbul: Kâğit ve Basım İşleri A.Ş.).

1952   *Nouveau* [2ᵉ] *recueil de nouveaux documents inédits concernant l'Histoire des Juifs de Turquie* (Istanbul: Fakülteler Matbaası).

1953   *Encore un nouveau* [3ᵉ] *recueil de documents concernant l'Histoire des Juifs de Turquie; études scientifiques* (Istanbul: Fakülteler Matbaası).

1954   *Quatrième recueil de documents concernant les Juifs de Turquie; proverbes judéo-espagnols* (Galata – Istanbul: Fakülteler Matbaası).

1955   *Cinquième recueil de documents concernant les Juifs de Turquie; divers sujets juifs* (Istanbul: Çituri Biraderler Basımevi).

1956   *Sixième recueil de documents concernant les Juifs de Turquie et divers sujets juifs* (Istanbul: Çituri Biraderler Basımevi).

1958   *Septième recueil de documents concernant les Juifs de Turquie et divers sujets juifs* (Istanbul: Çituri Biraderler Basımevi).

Galimir, M.

1951   *Proverbios (refranes); pocos del rey Salamon, del Talmud, fabulas, consejas, reflectiones, dichas de españoles sefaraditas* (s.l.: Albert Martin, Inc.) [rec.: Lida (1955)].

Gaon, M.D.

1965   *A bibliography of the Judeo-Spanish (ladino) Press* (= *Publication of the Ben Zwi Institute, The Hebrew University, bibliographical series*) (Jérusalem – Tel Aviv: Monoline Press). [en hébreu] [rec.: Hassán (1966a)].

García de Diego, V.

1959   *Manual de dialectología española*, 2ᵃ edicion corregida y augmentada (Madrid: Ediciones Cultura Hispánica). [sur le judéo-espagnol, pp. 365-7; 1ᵉ édition: (1946)].

Gaspar Remiro, M.

1914-18   "Sobre algunos vocablos y frases de los judeo-españoles", *BAE* 1 (1914): 449-55; 2 (1915): 77-84, 294-301; segunda serie "Vocablos y frases del judeo-español": 3 (1916): 67-74, 186-96, 498-509; 4 (1917): 107-21, 327-35, 459-68, 631-42; 5 (1918): 350-64.

Gaster, M.

1901   *History of the ancient synagogue of the Spanish and Portuguese Jews, the cathedral synagogue of the Jews in England, situated in Bevis Marks; a memorial volume written specially to celebrate the two-hundredth anniversary of its inauguration, 1701-1901*, with illustrations and facsimiles of deeds and documents (London: [Harrison & Sons]).

Gelber, N.M.

1948   "The Sephardic community in Vienna", *Jewish social studies* 10: 359-96.

Giese, W.

1956   "Das Judenspanische von Rhodos", *Orbis* 5: 407-10.

1961   Compte rendu de Crews (1960), *ZRPh* 77: 566-7.

Gil, R.

1911   *Romancero judeo-español* (Madrid: Fuencanal).

Giménez Caballero, E.

1930   "Monograma sobre la judería de Escopia", *Revista de occidente* 8.27: 356-76.

Glaser, E.

1956   "Un patriarca bíblico en el Romancero", *Sefarad* 16: 113-23.

1962   Compte rendu de Molho (1960), *HR* 30: 166-8.

González Llubera, I.
1933 "Fragmentos de un poema judeo-español medieval", *Revue hispanique* 81: 421-33.
1938 "Three Jewish Spanish ballads in ms. *British Museum Add.* 26967", *MAev* 7: 15-28.
1950-51 "A transcription of MS *C* of Santob de Carrión's *Proverbios morales*", *RomPh* 4: 217-56.

Gonzalo Maeso, D. – P. Pascual Recuero
1964 *Me'am Lo'ez; el gran comentario bíblico sefardí*, tomo preliminar, prolegómenos par ~ (= *Publicaciones del Instituto Ibn Tibbón, Universidad de Granada, Biblioteca universal sefardí*) (Madrid: Gredos). [rec.: Hassán (1966b)].

Griswold Morley, S.
1947-48 "A new Jewish-Spanish romancero", *RomPh* 1: 1-9.

Grünbaum, M.
1896 *Jüdisch-spanische Chrestomathie* (Frankfurt am Main: Kauffmann). [rec.: Kayserling (1897b), Perles (1897)].

Grunebaum, P.
1893 "Les Juifs d'Orient d'après les géographes et les voyageurs", *REJuiv* 27: 121-35.

Grünwald, M.
1882 "Zur romanischen Dialektologie 1. Über den jüdisch-spanischen Dialekt als Beitrag zur Aufhellung der Aussprache im Altspanischen", *Jüdisches Central-blatt* (Belovar) 1: 39-48, 54-8.

Guastavino Gallent, G.
1951 "Cinco romances sefardíes", *África* (3ª época) 8: 537-9.

Halevy, Sh.
1963 *The printed Hebrew books in Jerusalem during the first half century* (1841-1891) (Jérusalem: Ben Zwi Institute) [en hébreu].

Harvey, L.P.
1960 "*Amahó, dešamaho, maho, amahar* . . .; a family of words common to the Spanish speech of the Jews and of the Moriscos", *BHS* 37: 69-74.

Hassán, I.M.
1966a "El estudio del periodismo sefardí", *Sefarad* 26: 229-35.
1966b Compte rendu de Gonzalo Maeso – Pascual Recuero (1964), *Sefarad* 26: 449-54.
1967 Compte rendu de Besso (1966), *Sefarad* 27: 227-8.
1968 "De los restos dejados por el judeo-español en el español de los judíos del norte de África", in Quilis (1968: 2127-40).
1969 "Curso de literatura sefardí", *Sefarad* 29: 441-3.
1970a "Introducción", in Hassán (1970b: xi-xxvi).
1970c "Sefardismo en el 5 Congreso Mundial de Estudios Judios", *Sefarad* 30: 202-6.
1971a "Problemas de transcripción des judeoespañol", in Rosetti (1971: 1235-63).
1971b "Ciclo de conferencias sobre léxico sefardí", *Sefarad* 31: 466-8.
1971c Compte rendu de Attias (1970b), *Sefarad* 31: 195-8.
1972 Compte rendu de I.J. Lévy (1969), *Sefarad* 32: 235-40.

Hassán, I.M. (ed.)
1970b *Actas del primer simposio de estudios sefardíes, primero de los actos celebrados con motivo del 25 aniversario de la fundación del Consejo Superior de Investigaciones Científicas (Madrid, 1-6 de junio de 1964)*, edición a cargo de Iacob M. Hassán con la colaboración de M.ª Teresa Rubiato y Elena Romero

96

(= *Publicaciones de estudios sefardies* 1.1) (Madrid: Consejo Superior de Investigaciones Científicas, Instituto 'Arias Montano'). [contient: Armistead – Silverman (1970c), Beinart (1970), Benarroch (1970), Besso (1970), Correa Calderón (1970), Crews (1970), Criado de Val (1970), Hassán (1970a), Molho (1970), Quilis (1970), Révah (1970), Rubiato (1970), Schiby (1970)].

Hasson, Y.
1960 "Préparation d'un dictionnaire judéo-espagnol-hébreu", *Studies and reports* (Ben Zwi Institute for research on Jewish communities in the Middle East, Jerusalem) 3: 36-9.

Hauptmann, O.H.
1942 "A glossary of *The Pentateuch* of Escorial biblical manuscript I.j.4", *HR* 10: 34-46.
1949-50 "Notes on the lexicon of Old Judaeo-Spanish bible translations", *RomPh* 3: 157-9.
1950-51 "Additional notes on the lexicon of Old Judaeo-Spanish bible translations", *RomPh* 5: 163-5.

Hemsi, A.
1932-72 *Coplas sefardies (chansons judéo-espagnoles)*, 5 séries (Alexandrie: Edition Orientale de Musique) [1 (= op. 7): (1932); 2 (= op. 8): (1933); 3 (= op. 13): (1934); 4 (= op. 18): (1935); 5 (= op. 22): (1938)] – *Coplas sefardies (chansons judéo-espagnoles pour chant et piano*, 3 part. (Aubervilliers). [6 (= op. 34): (1969); 7 (= op. 41): (1970); 8 (= op. 44): (1972)].
1959 "Cancionero sefardí", *Sefarad* 19: 378-84.

Hilty, G.
1957-58 "Zur judenportugiesischen Übersetzung des *Libro conplido*", *VR* 16: 297-325; 17: 129-57, 220-59.

Hirsch, R.
1951 *A study of some aspects of a Judeo-Spanish dialect as spoken by a New York Sephardic family* (University of Michigan). [thèse doctorale].

Hommage Benardete
1965 *Studies in honor of M.J. Benardete; essays in Hispanic and Sephardic culture* (Ed.: Isaak A. Langnas – Barton Sholod) (New York: Las Américas). [contient: Alvar (1965), Armistead – Silverman (1965a), Klein (1965), Molho (1965), Nehama (1965), Sola Pool (1965)].

Hommage Menéndez Pidal
1950-57 *Estudios dedicados a Menéndez Pidal*, Patronato Marcelino Menéndez y Pelayo, 7 vol. (Madrid: Consejo Superior de Investigaciones Científicas). [1: (1950); 2: (1951); 3: (1952); 4: (1953); 5: (1954); 6: (1956); 7: (1957); – contient: F. Cantera (1954), Millàs Vallicrosa (1950), Subirá (1954)].

Hommage Millàs Vallicrosa
1954-56 *Homenaje a Millás Vallicrosa*, 2 vol. (Barcelona: Consejo Superior de Investigaciones Científicas). [contient: Arribas Palau (1954), Benardete (1954), Kosover (1954), Luria (1954), Molho (1956), van Praag (1956), Roth (1956)]. (1956)].

Hommage Weinreich
1964 *For Max Weinreich on his seventieth birthday; studies in Jewish languages, literature, and society* (Ed.: L.S. Dawidowicz *et alii*) (The Hague: Mouton). [contient: Stankiewicz (1964), Szajkowski (1964)].

Hoyos y de la Torre, I. de
1904 "Los judíos españoles en el imperio austriaco y en los Balkanes", *Boletín de la Real Academia de la Historia* 45.1-3 (juillet-septembre): 205-87. [republié

comme livre: (Madrid: Establecimiento tipográfico de Fortanet)].

Hutchings, C.M.
1952   "Judeo-Spanish proverbs", *HR* 20: 315-21.

Hyamson, A.M.
1951   *The Sephardim of England; a history of the Spanish and Portuguese Jewish community 1492-1951* (London: Methuen).

Iordan, I.
1934   Compte rendu de Wagner (1930a), *Buletinul Institutului de filologie română* "Alexandru Philippide" 1: 211-4.
1963   *Istoria limbii spaniole* [Histoire de la langue espagnole] (Bucarest: Editura Didactică și Pedagogică). [notamment sur le judéo-espagnol, pp. 163-6].

Israël, S.
1967   "Еврейски периодичен печат на ладино и иврит в България. Принос към въпроса за неговата поява, развой, характер, роля и значение" [La presse périodique juive en ladino et en ivrit en Bulgarie (Apport à la question de l'apparition, du développement, de la nature, du rôle et de la signification de la presse)], Годишник (Sofia) 2.1: 139-68. [résumés: russe, pp. 222-3; anglais, pp. 240-1; allemand, pp. 258-9; français, pp. 276-7; espagnol, pp. 293-4].
1971   "The Bulgarian Jews during the years of people's rule", Годишник— *Annual* (Sofia) 6: 111-35.

Jopson, N.B.
1936   "Literary style in Judaeo-Spanish", in: *Gaster anniversary volume* (Ed.: Bruno Schindler *et alii*) (London: Taylor's Foreign Press), pp. 272-82. [version espagnole dans: *Judaica* (Buenos Aires) 7 (1939): 27-31] [rec.: Crews (1937)].

Kahane, H.R. – S. Saporta
1953   "The verbal categories of Judeo-Spanish", *HR* 21: 193-214, 322-36.

Kamhi, L.
1929   "K statistici Jevrejstva Kraljevstva S.H.S.; 1. Bitolj" [Contribution à la statistique des Juifs du Royaume des Serbes, Croates et Slovènes; 1. Bitola], *Jevrejski almanah* (Vršac) 5690 (1929-30): 221-3.

Kamhi, S.
1966   "Jezik, pjesme i poslovice bosansko-hercegovačkih Jevreja" [Langue, chansons et proverbes des Juifs de Bosnie-Hertzégovine], in S. Kamhi (1967: 105-21).

Kamhi, S. (ed.)
1967   *Spomenica 400 godina od dolaska Jevreja u Bosnu i Hercegovinu 1566-1966* [Mémorial du 400ᵉ anniversaire de l'arrivée des Juifs en Bosnie et Herzégovine 1566-1966] (Sarajevo: Odbor za proslavu 400-godišnjice dolaska Jevreja u Bosnu i Hercegovinu). [contient: Elazar (1966), S. Kamhi (1966), Kruševac (1966)].

Kayserling, M.
1857   "Jüdisch-spanische Gedichte", *Monatsschrift für Geschichte und Wissenschaft des Judenthums* 6: 459-62.
1858   *Sephardim: romanische Poesien der Juden in Spanien; ein Beitrag zur Literatur und Geschichte der spanisch-portugiesischen Juden* (Leipzig: Hermann Mendelssohn).
1861   *Geschichte der Juden in Spanien und Portugal* 1: *Die Juden in Navarra, den Baskenländern und auf den Balearen* (Berlin: Julius Springer).
1889   *Refranes ó proverbios españoles de los judios españoles*, ordenados y anotados por ~ (Budapest: Imprenta de Sr. C.L. Posner y Hijo).
1890   *Biblioteca española-portugueza-judaica; dictionnaire bibliographique des auteurs juifs, de leurs ouvrages espagnols et portugais et des œuvres sur et contre les*

Juifs et le judaïsme avec un aperçu sur la littérature des Juifs espagnols et une collection des proverbes espagnoles (Strasbourg: Trübner). [cf. Kayserling (1971)].

1891 "Notes sur la littérature des Juifs hispano-portugais 1. Manuscrits et éditions rares d'ouvrages espagnols et portugais, 2. Un vocabulaire espagnol", *REJuiv* 22: 119-24. [cf. Kayserling (1971)].

1897a "Quelques proverbes judéo-espagnols", *Revue hispanique* 4: 82.

1897b Compte rendu de Grünbaum (1896), *JewQR* 9: 536-7.

1971 *Biblioteca española-portugueza-judaica and other studies in Ibero-Jewish bibliography* by the author and by J.S. da Silva Rosa, with a bibliography of Kayserling's publications by M. Weisz, selected with a prolegomena by Yosef Hayim Yerushalmi (= *Studia sephardica: texts and studies in the history and literature of Spanish and Portuguese Jewry*) (Ed.: Y.H. Yerushalmi) (New York: Ktav Publishing House). [republications de Kayserling (1890, 1891)].

Kečkemet, D.

1971 *Židovi u povijesti Splita* [Les Juifs dans l'histoire de Split] (Split: Jevreska općina u Splitu).

Klein, B.

1965 "The decline of a Sephardic community in Transylvania", in *Hommage* Benardete (1965: 349-58).

Kohen, D.B.

1969 "Българските евреи по време на освобождението от Турско владичество (Демографски сведения)" [Bulgarian Jews during the liberation from Ottoman oppression (demographic data)], Годишник (Sofia) 4: 169-83. [résumé anglais, pp. 219-20].

Kolomonos, J.

1963 "Quelques observations sur les éléments français dans les parlers judéo-espagnols de Bitola et Skopje", *Annuaire de la Faculté de philosophie de l'Université de Skopje* 15: 385-8. [résumé macédonien, pp. 389-90].

1968 "Observations sur les différences entre les parlers judéo-espagnols de Bitola (Monastir) et Skopje (Üsküb)", in Quilis (1968: 2145-9).

Kosover, M.

1954 "Ashkenazim and Sephardim in Palestine (a study in intercommunal relations)", in *Hommage* Millàs Vallicrosa (1954-56 1: 753-88).

Kovačec, A.

1968 "Les Séfardim en Yougoslavie et leur langue (d'après quelques publications yougoslaves)", *SRAZ* 25-26: 161-77.

Kraus, K.

1951 "Judeo-Spanish in Israel", *Hispania* 34: 261-70. [republié dans *BFM* 7 (1952): 385-419].

Kruševac, T.

1966 "Društvene promjene kod bosanskih Jevreja za austrijskog vremena" [Les changements sociaux chez les Juifs de Bosnie à l'époque autrichienne], in Kamhi (1966: 71-97).

Lacalle, J.M.

1961 *Los judíos españoles* (= *Panoramas A-Z* 1) (Barcelona: Sayma).

Lamouche, L.

1907 "Quelques mots sur le dialecte espagnol parlé par les Israélites de Salonique", *RF* 23: 969-91.

Landau, J.M.

1967 *The Jews in nineteenth-century Egypt* (= *Publications of the Ben Zwi Institute*)

(Jérusalem). [en hébreu].

Lapesa, R.
1962 *Historia de la lengua española*, quinta edición corregida y aumentada (Madrid: Escelicer, S.A.). [notamment sur le judéo-espagnol, pp. 335-9; 1e édition: (1942)].

Larrea Palacín, A. de
1952-53 *Cuentos populares de los judíos de Marruecos*, 2 vol. (Tetuán: Instituto General Franco de estudios e investigación hispano-árabe). [rec.: Pérez Vidal (1954)].
1952-54 *Cancionero judío del norte de Marruecos*, 3 vol. (Madrid: Instituto de Estudios Africanos). [1: *Romances de Tetuán* 1 (1952); 2: *Romances de Tetuán* 2 (1952); 3: *Canciones rituales hispano-judías; celebraciones familiares de tránsito y ciclo festivo anual* (1954)] [rec.: Pérez Vidal (1956)].
1958 "El judeo-español de Turquía y su literatura", *Revista de literatura* (Madrid) 14: 86-110.
1959 "El Cancionero de Baruh Uziel", *VR* 18: 324-65.

Lazar, M.
1964 "Targumé ha-Miqra' bĕ-ladino 'aḥaré geruš Sefarad" [Les traductions de la Bible en ladino après l'expulsion de l'Espagne], *Sefunot* 8: 337-75. [rec.: Díaz Esteban (1969)].

Lecoy, F.
1948 Compte rendu de Malkiel (1945a), *Romania* 70: 140-1.

Léon, H.
1907 "Les Juifs espagnols de Saint-Esprit; chansons et prières", *BHi* 9: 277-85.

Lévi, A.
1930 *Les vestiges de l'espagnol et du portugais chez les Israélites de Bayonne* (Bayonne: Imprimerie du "Courrier").

Lévi, I.
1890 "Les Juifs d'Orient d'après les géographes et les voyageurs", *REJuiv* 20: 97-106.

Levi, I. – J. Konforti
1971 "Jedan stari statut Jevrejske sefardske opštine u Sarajevu" [Un ancien statut de la Communauté juive séfardite de Sarajevo], *Jevrejski almanah* (Belgrade) 8 (1968-70): 83-98.

Levi, M.
1928 "Iz prošlosti jevrejske opštine u Dubrovniku" [Du passé de la communauté juive de Dubrovnik], *Jevrejski almanah* (Vršac) 5689 (1928-29): 59-70.

Levy [Lida], D.
1952 "La pronunciación del sefardí esmirniano de Nueva York", *NRFH* 6: 277-81.

Levy, I.
1959-71 *Chants judéo-espagnols*, recueillis et notés par I. Levy, introduction de O. Camhi (= *Publications de la Fédération séphardite mondiale, département culturel* (Ed.: O. Camhi)), 3 vol. (London: World Sephardi Federation). [1: (1959) – rec.: Armistead – Silverman (1960b); 2: (1970) et 3: (1971) – rec.: Armistead – Silverman (1971e)].

Lévy, I.J.
1967 "En torno a la interpretación del término g̊abba", *RomN* 9: 170-9.
1969 *Prolegomena to the study of the Refranero Sefardí* (New York: Las Americas Publishing Co.). [rec.: Hassán (1972)].

Levy, K.
1929 "Historisch-geographische Untersuchungen zum Judenspanischen; Texte, Vokabular, grammatische Bemerkungen", *Volkstum und Kultur der Romanen* 2: 342-81. [rec.: Wagner (1930b)].

1931a "Zu einigen arabischen Lehnwörtern im Judenspanischen", *ZRPh* 51: 703-5.
1931b Compte rendu de Wagner (1930a), *Volkstum und Kultur der Romanen* 4: 316-20.
Levy, M.
1911 *Die Sephardim in Bosnien; ein Beitrag zur Geschichte der Juden auf der Balkanhalbinsel (mit 29 Illustrationen im Texte)* (Sarajevo: Daniel A. Kajon). [traduction croate: "Sefardi u Bosni", *Židovska svijest* (Sarajevo) 2 (1919-20) no. 72-80, 82-89; 3 (1920-21) no. 90-98, 100-107, 109-110, 112-114; – republiée dans M. Levi [sic!], *Sefardi u Bosni; Prilog istoriji Jevreja na Balkanskom poluostrvu* (Belgrade: Savez jevrejskih opština Jugoslavije 1969)].
Levy, R.
1943 "The vocabulary of the Escorial manuscript I:j:4", *HR* 11: 57-63.
1949-50 "A note on the Judaeo-Spanish bible E 3", *RomPh* 3: 261-2.
1960 *Contribution à la lexicographie française selon d'anciens textes d'origine juive* (Syracuse: University Press). [rec.: Morreale (1962b)].
Lewis, B.
1952 *Notes and documents from the Turkish archives; a contribution to the history of the Jews in the Ottoman Empire (= Oriental notes and studies published by the Israel Oriental Society* 3) (Jerusalem: Central Press).
Lida, D.
1955 Compte rendu de Galimir (1951), *NRFH* 9: 397-9.
1958 "Refranes judeo-españoles de Esmirna", *NRFH* 12: 1-35.
1959 Compte rendu de Estrugo (1958a), *NRFH* 13: 111-3.
1963 Compte rendu de Molho (1960), *RomPh* 17 (1963-64): 502-7.
1968 Compte rendu de Saporta y Beja (1957), *RomPh* 21 (1967-68): 587-91.
Loeb, I.
1887 "Le nombre des Juifs de Castille et d'Espagne au Moyen Âge", *REJuiv* 14: 161-83.
Luria, M.A.
1930a "A study of the Monastir dialect of Judeo-Spanish based on oral material collected in Monastir, Yugo-Slavia", *Revue hispanique* 79: 323-583. [rec.: Cirot (1933)].
1930b "Judeo-Spanish dialect in New York City", in: *Todd memorial volumes; philological studies* (Eds.: J.D. Fitz-Gerald – P. Taylor) 2 (New York: Columbia University Press), pp. 7-16.
1933 "Judeo-Spanish proverbs of the Monastir dialect", *Revue hispanique* 81: 256-73.
1954 "Judeo-Spanish dialects and Mexican popular speech", in *Hommage* Millàs Vallicrosa (1954-56 1: 789-810).
MacCurdy, R.R. – D.D. Stanley
1951 "Judaeo-Spanish ballads from Atlanta, Georgia", *Southern folklore quarterly* 15: 221-38.
Malkiel, Y.
1945a "Old Judaeo-Spanish *yegüería* 'mess, dish' ", *Lg* 21: 264-5. [rec.: Lecoy (1948)].
1945b "The etymology of Hispanic *que(i)xar*", *Lg* 21: 142-83.
1945c *Development of the Latin suffixes* -antia *and* -entia *in the Romance languages, with special regard to Ibero-Romance (= University of California publications in linguistics* 1.4 (Eds.: M.B. Emeneau – H.H. Vaughan)) (Berkeley – Los Angeles: University of California Press).
1946 "Antiguo judeo-aragonés *aladma, alama* 'excomunión' ", *Revista de filología hispánica* 8: 136-41.

1947 "A Latin-Hebrew blend: Hispanic *desmazalado*", *HR* 15: 272-301.
1954 *Studies in the reconstruction of Hispano-Latin word families* (= *University of California publications in linguistics* 11 (Eds.: C.D. Chrétien *et alii*) (Berkeley – Los Angeles: University of California Press). [1: *The Romance progeny of Vulgar Latin* (re)pedare *and cognates*; 2: *Hispano-Latin* *pedia *and* *mania; 3: *The coalescence of* expedire *and* petere *in Ibero-Romance*] [rec.: Crews (1955c)].
1956 "En torno a las voces *judío* y *judía*", in: *1930-1955; homenaje a J.A. van Praag, catedrático de la Universidad de Amsterdam* (Amsterdam: L.J. Veen's Uitgevermaatschappij – Librería Española 'Plus Ultra'), pp. 73-80.
1958 "Old Spanish *judezno, morezno, pecadezno*", *PhQ* 37: 95-9.
Malmberg, B.
1961 "Linguistique ibérique et ibéro-romane; problèmes et méthodes", *SL* 15: 103-4. [le témoignage du judéo-espagnol].
1965 *Estudios de fonética hispánica*, traducción de E.R. Palavecino, prólogo de A. Quilis (= *Collectanea phonetica* 1) (Madrid: Consejo Superior de Investigaciones Científicas). [= collection d'articles publiés 1948-64].
M[anrique] de L[ara], [M.]
1916 "Romances españoles en los Balkanes", *Blanco y Negro* 26.1285 (2 janvier 1916).
1940 "Leonor Telles en el Romancero judaico-español", *Correo erudito; gaceta de las letras y de las Actas* 1: 299.
Marcus, S.
1962 "A-t-il existé en Espagne un dialecte judéo-espagnol?", *Sefarad* 22: 129-49.
1965 *Ha-sufá ha-sfaradit-yehudit* [The Judeo-Spanish language] (Jérusalem: Kirjath Sepher).
Martínez Ruiz, I.
1957 "F-, h- aspirada y h- muda en el judeo-español de Alcazarquivir", *Tamuda* 5: 150-61.
1960 "Morfología del judeo-español de Alcazarquivir", in: *Miscelánea filológica dedicada a Mons. A. Griera* 2 (San Cugat del Vallés, Barcelona: Instituto internacional de cultura románica), pp. 105-28.
1963a "Poesía sefardí de carácter tradicional (Alcazarquivir)", *Archivum* 13: 79-215.
1963b "Textos judeo-españoles de Alcazarquivir (Marruecos) (1948-1951)", *RDyTP* 19: 78-115.
1966 "Arabismos en el judeo-español de Alcazarquivir (Marruecos), 1948-51", *RFE* 49: 39-71.
1968 "Un cantar de boda paralelistico bilingüe en la tradición sefardí de Alcazarquivir (Marruecos)", *RFE* 51: 169-81.
Menaché, D.
1959a "Suvenirez de chiquez; Sabatot y Selijot", *RDyTP* 15: 118-21.
1959b "Recuerdos de nines; la fiesta de Tu-Bixvat", *RDyTP* 15: 122-4.
1960a "Recuerdos de chiquez; Purim", *RDyTP* 16: 128-31.
1960b "Recuerdos de nines; mi prima havra", *RDyTP* 16: 132-5.
Mendes dos Remédios, J.
1911 *Os Judeus Portugueses em Amsterdam* (Coimbra: F. França Armado). [notamment: "O Ladino. Algumas das suas caracteristicas; causas da formação do ladino e algums exemplos desta lingua", pp. 149-55].
Menéndez y Pelayo, M.
1900 *Antologia de poetas líricos castellanos* 1: *Romances populares recogidos de la tradición oral con notas y observaciones* (Madrid: Libreria de Hernando y Compañía). [notamment sur le judéo-espagnol, pp. 293-357] [une autre édi-

tion: (= *Edición Nacional de las Obras Completas de Menéndez Pelayo* 25) (Madrid: Consejo Superior de Investigaciones Científicas 1945); notamment sur le judéo-espagnol, pp. 387-439].

Menéndez Pidal, R.

1906-07 "Catálogo del romancero judío-español", *Cultura española* 4: 1045-77; 5: 161-99. [republié dans [ses]: *El romancero; teorías e investigaciones* (Madrid: Paez 1928), pp. 101-83 – *Los romances de América y otros estudios* (Buenos Aires: Espasa-Calpe 1939=1941), pp. 128-99 (= pp. 114-79 dans l'édition de 1958)].

1910 *El romancero español*, conferencias dadas en la Columbia University de New York los días 5 y 7 de abril de 1909 bajo los auspicios de The Hispanic Society of America por ~ (New York: The Hispanic Society of America).

1958 *Manual de grammática histórica española* 10 (Madrid: Espasa-Calpe). [en particulier: p. 116 note].

1968 *Romancero hispánico (hispano-portugués, americano y sefardi). Teoría e historia* 2 vol. Con illustraciones musicales par Gonzalo Menéndez Pidal (= *Obras completas de R. Menéndez Pidal* 9, 10) Madrid: Espasa Calpe [première édition 1953].

Menéndez Pidal, R. – J. Benoliel

1905 "Endecha de los judíos españoles de Tánger", *Revista de archivos, bibliotecas y museos* 9: 128-33.

Mettmann, W.

1962 Compte rendu de Molho (1960), *ASNS* 198: 125.

Mézan, S.

1925 *Les Juifs espagnols en Bulgarie* 1: *Histoire, statistique, ethnographie*, édition d'essai (Sofia: Amischpat).

Mihara, K.

1963 "Gendai isuraeru ni okeru yudaya-isupaniya go no tokuchō-shutosite hinsiron to goi o chūsin ni" [Les particularités du judéo-espagnol actuel d'Israël notamment dans le domaine des parties du discours et du vocabulaire], *Hispania* (Japon) 8: 16-29.

Millàs Vallicrosa, J.M.[a]

1950 "Desinencias adjectivales romances en la onomástica de nuestros judíos", in *Hommage Menéndez Pidal* (1950-57 1: 125-33).

Milwitzky, W.

1905 "El viajero filólogo y la antígua España", *Cuba y América* 19: 14.

Modona, L.

1887 "Les exilés d'Espagne à Ferrare en 1493", *REJuiv* 15: 117-21.

Molho, M.

1940 "Cinq élégies en judéo-espagnol", *BHi* 42: 231-5.

1949 "El cementerio judío de Salónica, verdadero museo epigráfico, histórico y arqueológico", *Sefarad* 9: 107-30.

1950 *Usos y costumbros de los sefardíes de Salónica*, traducido del francés por F. Pérez Castro (= *Biblioteca hebraicoespañola* 3) (Madrid – Barcelona: Consejo Superior de Investigaciones Científicas, Instituto 'Arias Montano').

1953 "Tumbas de marranos en Salónica", *Sefarad* 13: 325-35.

1956 "Le judaïsme grec en général et la communauté juive de Salonique en particulier entre les deux guerres mondiales", in *Hommage Millàs Vallicrosa* (1954-56 2: 73-107).

1960 *Literatura sefardita de Oriente* (= *Biblioteca hebraicoespañola* 7) (Madrid – Barcelona: Consejo Superior de Investigaciones Científicas. Instituto 'Arias

Montano'). [rec.: Devoto (1963), Glaser (1962), Lida (1963), Mettmann (1962), Révah (1961c), Roth (1962), Sala (1961c)].

1964   "Penetración de extranjerismos en el español de Oriente", *Actas* 1964 1: 325-34.

1965   "La producción literaria castellana en Oriente en el siglo 16", in *Hommage* Benardete (1965: 333-6).

1970   "Radicación de los exilados de España en Turquía y emigración de los sefardís de Oriente a América", in Hassán (1970b: 65-72).

Molho, M. [– Jos. Nehama]
1945   *Le Meam Loez; encyclopédie populaire du Séphardisme levantin* (Thessaloni-que: chez l'auteur).

Mordekhay, I.
1968   "Освобождението на българия от османско владичество и българските евреи" [The liberation of Bulgaria from Ottoman rule and the Bulgarian Jews], Годишник (Sofia) 3.1: 9-29. [résumé anglais, pp. 197-9].

Morreale, M.
1959   "Vocaboli giudeo-spagnuoli nelle *Censura et confutatio libri Talmud*", *Quaderni ibero-americani* 24: 577-80.

1960   "Apuntes bibliográficos para la iniciación al estudio de las traducciones bíblicas medievales en castellano", *Sefarad* 20: 66-109.

1961   "Biblia romanceada y diccionario histórico; observaciones del curioso lector", in: *Studia philologica; homenaje ofrecido a Dámaso Alonso por sus amigos y discípulos con ocasión de su 60ᵉ aniversario* (Madrid: Gredos) 2, pp. 509-36.

1962a   "La Biblia de Ferrara y el Pentateuco de Constantinopla", *Tesoro de los Judíos Sefardies* 5: lxxxv-xci.

1962b   Compte rendu de R. Levy (1960), *RFE* 45: 345-50.

1963   "El sidur ladinado de 1552", *RomPh* 17 (1963-64): 332-8.

Moscuna, A.
1897   [A.M.,] "Spaniolische Sprichwörter (aus Tatar Bazardžyk in Ost-Rumelien)", *Der Urquell; eine Monatsschrift für Volkskunde, neue Serie* 1: 84-6, 204-5.

Moskona, I.
1967   "За произхода на фамилните имена на българските евреи" [L'origine des noms de famille chez les Juifs bulgares], Годишник (Sofia) 2. 1: 111-37. [résumés russe, pp. 220-1; anglais, pp. 238-9; allemand, pp. 256-7; français, pp. 274-5; espagnol, pp. 292].

1968   "Джудезмо — разговорен език на балканското еврейство" [Judesmo - colloquial language of the Balkan Jews], Годишник (Sofia) 3.1: 75-124. [résumé anglais, pp. 205-6].

1970   "Material and spiritual life of the Bulgarian Jews (from the past of the Bulgarian Jews)", Годишник–*Annual* (Sofia) 5: 103-47.

1971   "About one of the components of the language 'Djudezmo' (Hebrew – an important component of Djudezmo)", Годишник –*Annual* (Sofia) 6: 179-220.

Moya, I.
1941   *Romancero: Estudios sobre materiales de la colección de folklore* 2 (Buenos Aires: Imprenta de la Universidad). ["Romances judeo-españoles en Buenos Aires", pp. 255-9].

Náñez, E.
1965-66   "El español en Marruecos", *Les langues néo-latines* 59.175 (décembre 1965 – janvier 1966): 63-76.

Nehama, Jos.

1935-59 *Histoire des Israélites de Salonique*, 5 vol. [1: *La communauté romaniote; les sefaradis et leur dispersion* (Paris: Librairie Durlacher; Salonique: Librairie Molho 1935); 2: *La communauté sefaradite; période d'installation (1492-1536)* (Paris: Librairie Durlacher; Salonique: Librairie Molho 1935); 3: *L'âge d'or du sefaradisme salonicien (1536-1593)* 1 (Paris: Librairie Durlacher; Salonique: Librairie Molho 1936); 4: *L'âge d'or du sefaradisme salonicien (1536-1593)* 2 (Paris: Librairie Durlacher; Salonique: Librairie Molho 1936); 5: *Période de stagnation; la tourmente sabbatéenne (1593-1669)* (=*Publications de la Fédération séphardite mondiale, Département culturel*)(Salonique: Imprimerie Sfakianakis 1959)].

1965 "Salonique au 18ème siècle; instruction et culture juives", in *Hommage* Benardete (1965: 337-47).

Nervo, A.

1952 *Obras completas* 2, edición, estudios y notas de Francisco Gonzáles Guerrero (prosas) y Alfonso Mendez Plancarte (poesias) (Madrid: Aguilar). [notamment le judéo-espagnol, pp. 194-200, 212-8].

Novak, G.

1920 *Židovi u Splitu* [Les juifs à Split] (Split: Knjižare Morpurgo).

Ontañón de Lope, P.

1971 Compte rendu de Vilar Ramírez (1968-69), *AdL* 9: 284-7.

Orlić, D.

1971 "Is života dubrovačkih Jevreja u 19 vijeku" [About the life of the Jews in Dubrovnik in the 19th century], in Samardžić (1971b:185-99). [résumé anglais].

Ortega, M.L.

1934 *Los hebreos en Marruecos*, prólogo de Pedro Sainz Rodríguez (Madrid: Editorial Hispano Africana). [édition 4e: (Madrid: Ediciones Nuestra Raza 1934)]. [1e édition 1929].

Panfilov, E.D.

1957 "Поправка к одному из разделов 'Исторической грамматики испанского языка' Ф. Гансена" [Corrections à un chapitre de la "Grammaire historique de la langue espagnole" de F. Hanssen] in: Романогерманская филология. Сборник статей в честь академика В.Ф. Шишмарева (red.: М.П. Апексеев – Т.В. Степанов) (Ленинград: Издательство Ленинград, ского Университета), pp. 209-13.

Pantić, M.

1971 "Izbor dokumenata o dubrovačkim Jevrejma od sredine 17 do kraja 18 veka" [Choix des documents sur les juifs de Dubrovnik de la moitié du 17e siècle jusqu'à la fin du 18e siècle], in Samardžić (1971b: 341-402).

Panova, S.

1966 "Стопанска дейност на евреите на Балкани те чрез 16-17 век" [Economic activity of the Jews in the Balkan peninsula in the 16th and 17th century], Годишник (Sofia) 1: 102-21.

1969 "Евреите в откупната система на Османската империя" [The Jews under the system of bidding in the Ottoman Empire], Годишник (Sofia) 4: 159-67. [résumé anglais, pp. 217-8].

Parlangèli, O.

1953 "Stato attuale delle comunità sefardite ín Grecia", *ASGIM* 6: 1-4.

Passy, J.

1897a "Spaniolische Sprichwörter", *Der Urquell; eine Monatsschrift für Volkskunde, neue Serie* 1: 205-6.

1897b "Spaniolische Volkslied (aus Ostrumelien)", *Der Urquell; eine Monatsschrift für Volkskunde, neue Serie* 1: 206.

Perera, D.
1971 "Neki statističke podaci o Jevrejina u Jugoslaviji u periodu od 1938 do 1965 godine" [Quelques données statistiques sur les juifs de Yougoslavie de 1938 à 1965], *Jevrejski almanah* (Belgrade) 8 (1968-70): 135-47.

Pérez Vidal, J.
1954 Compte rendu de Larrea Palacín (1952-53), *RDyTP* 10: 269-70.
1955 Compte rendu de Alvar (1953), *RDyTP* 11: 547-9.
1956 Compte rendu de Larrea Palacín (1952-54), *RDyTP* 12: 214-6.

Perles, F.
1897 Compte rendu de Grünbaum (1896), *ZRPh* 21: 137-9.

Pinto, A.
1971 "Prosvjeta i prosvjetni radnici Jevreji u Bosni" [Enseignement et cadres d'enseignement juifs en Bosnie], *Jevrejski almanah* (Belgrade) 8 (1968-70):99-104.

Pinto, S.
1957-58 "Španjolske izreke i poslovice bosanskih Sefarada" [Sentences et proverbes des Séfardim de Bosnie], *Jevrejski almanah* (Belgrade) 3: 29-48.

Podet, A.H. – D. Chasan
1969 *Heirs to a noble past; Seattle's storied Sephardic Jews* (= The Committee for the advancement of Sephardic studies and culture) (New York).

Popović, T.
1971 "Dubrovnik i Ankona u jevrejskoj trgovini 16 veka" [Dubrovnik and Ancona in the Jewish trade of the 16th century], in Samardžić (1971b:41-53). [résumé anglais].

Praag, J.A. van
1931 "Restos de los idiomas hispanolusitanos entre los sefardíes de Amsterdam", *BAE* 18: 177-201.
1939-40 "Dos comedias sefarditas", *Nph* 24: 12-24; 25: 93-101.
1956 "La destrucción de la comunidad sefardí de Amsterdam", in *Hommage* Millàs Vallicrosa (1954-56 2: 187-96).
1967 *Los sefarditas de Amsterdam y sus actividades* (= *Universidad de Madrid, Facultad de filosofía y letras, publicaciones de la cátedra 'Archer M. Huntington'*) (Madrid: Talleres Gráficos Vda. de C. Bermejo).

Prenz, J.O.
1968 "Vicisitudes del judeo-español de Bosnia", *Románica* (La Plata) 1: 163-73.

Pulido y Fernández, Á.
1904 *Los Israelitas españoles y el idioma castellano* (Madrid: Sucesores de Rivadeneyra).
1905 *Intereses nacionales; Españoles sin patria y la raza sefardí* (Madrid: Establecimiento tipográfico de E. Teodoro). [rec.: Cirot (1907)].

Puymaigre, Cte de
1896 "Notes sur un recueil de romances judéo-espagnoles" *REJuiv* 33: 269-76.

Quilis, A.
1963 *Fonética y fonología del español* (= *Cuadernos bibliográficos* 10) (Madrid: Consejo Superior de Investigaciones Científicas). [notamment "judeo-español", pp. 60-1].
1965 "Canciones religiosas, de Pascua y romanzas judeo-españolas", *Homenajes; estudios de filología española* 2: 39-68.
1970 "Causas de desaparición de formas dialectales", in Hassán (1970: 225-32).

Quilis, A. (ed.)
1968 *11 Congreso internacional de lingüística y filología románicas; Actas* 4 (=

Revista de filología española 86) (Madrid: Consejo Superior de Investigaciones Científicas), [contient: Bar-Lewaw (1968a), Doppagne (1968), Hassán (1968), Kolomonos (1968), Sala (1968)].

Ramos Gil, C.
1959 "La lengua española en Israel", *Tesoro de los Judíos Sefardíes* 1: xxxii-xl.

Reinach, S.
1889 "Les juifs d'Orient d'après les géographes et les voyageurs", *REJuiv* 18: 101-7; 20: 88-96.

Renard, R.
1961 "L'influence du français sur le judéo-espagnol du Levant", *RLaV* 27: 47-52.
1965 "Le système phonique du judéo-espagnol", *Revue de phonétique appliquée* 1: 23-33. [republié dans Renard (1967)].
1968-69 "Langues et littératures de la péninsule ibérique et de l'Amérique latine", *Annuaire du Collège de France* 68: 557-74. [résumé des cours 1967-68].
1970 "Hispanisme et judaïsme des langues parlées et écrites par les Sefardim", in: Hassán (1970b: 233-42).

Ricci, C.
1926 *La Biblia de Ferrara* (= *Facultad de filosofía y letras, publicaciones del Instituto de investigaciones históricas* 35) (Buenos Aires: Talleres S.A. Casa Jacobo Peuser).

Roblin, M.
1951 "Les noms de famille des Juifs d'origine ibérique", *RIOno* 3: 65-72.

Rodrigo, J.
1954 "Dos canciones sefardíes armonizadas (dos canciones sefardíes del siglo 15: 'Malato está el hijo del rey', 'El rey que mucho madruga' ", *Sefarad* 14: 353-62.

Rohlfs, G.
1952 Compte rendu de Wagner (1950a), *ASNS* 189: 94.
1957 *Manuel de filología hispánica; guia bibliográfica, crítica y metódica*, traducción castellana del manuscrito alemán por Carlos Patiño Rosselli (= *Publicaciones del Instituto Caro y Cuervo* 12) (Bogota: Talleres Editoriales de la Libreria Voluntad). ["el judeo-español", pp. 173-4].

Romano, D.
1956 Compte rendu de Alvar (1953), *RFE* 40: 303-5.
1970 "Notas sobre el judeoespañol en una obra de Bassani", *Sefarad* 30: 198-200.

Romano, M.
1957 "Romances judéo-espagnoles: Arvolera", *Le judaïsme séfardi* (nouvelle série) 1957, janvier: 601.

Romano, S.
1933 *Dictionnaire judéo-espagnol parlé-français-allemand, avec une introduction sur*
1966a "L'influence du mode de transcription sur le système phonique du judéo-espagnol", *Revue de phonétique appliquée* 2: 35-40. [republié dans Renard (1967)].
1966b "La langue littéraire judéo-espagnole du romancier Itzhack ben Rubí", *RLaV* 32: 460-3.
1967 *Sepharad; le monde et la langue judéo-espagnole des Sephardim* (Mons: Annales Universitaires de Mons). [cf. Renard (1965, 1966a)].

Révah, I.S.
1938 "Notes en marge du livre de Mrs. Crews", *BHi* 40: 78-95. [cf. Crews (1935)].
1939 "Un historien des 'Sefardim' ", *BHi* 41: 181-6.
1958 Compte rendu de Saporta y Beja (1957), *REJuiv* 117: 156.
1961a "Formation et évolution des parlers judéo-espagnols des Balkans". *Ibérida* 6:

173-96. [republié dans Straka (1965: 1351-71)] [version abrégée dans: *Tesoro de los judíos sefardíes* 7 (1964): xli-xlviii].

1961b "Para una bibliografía de las publicaciones folklóricas de Yacob Yoná", *NRFH* 15 (= *Homenaje a Alfonso Reyes* [1]): 107-12.

1961c Compte rendu de Molho (1960), *REJuiv* 120: 404-5.

la phonétique et sur la formation des mots dans le judéo-espagnol (Zagreb, Faculté de Philosophie). [thèse doctorale; dactilographiée].

Romero, E.

1968 "Teatro judeoespañol aljamiado; adiciones bibliográficas", *Sefarad* 28: 403-8.

1969-70 "El teatro entre los sefardíes orientales", *Sefarad* 39: 187-212, 429-40; 40: 163-76, 483-508.

1971a "Aportación al estudio de la literatura dramática sefardí aljamiada", in Rosetti (1971: 1265-73).

1971b Compte rendu de Salomon (1969), *Sefarad* 31: 190-4.

Rosanes, S.A.

1914 *Geschichte der israelitischen Gemeinde in Rutschuk* 1: *Nach gedruckten und handschriftlichen Quellen* (Ruse) [en hébreu].

1934-38 *Histoire des Israélites de Turquie (Turquie, Hongrie, Serbie, Bulgarie, Bosnie, Albanie et Grèce) et de l'Orient (Syrie, Palestine, Egypt, etc.)*, 6 vol. [en hébreu] [1: *1300-1520* 2 (Tel Aviv: Dvir 1930); 2: *1520-1547* 2 (Sofia: Imprimerie Amichpat 1937-38); 3: *1575-1640* 2 (Sofia: Imprimerie Amichpat 1938); 4: *1640-1730* (Sofia: Imprimerie Amichpat 1934-35); 5: *1730-1807* (Sofia: Imprimerie Amichpat 1937-38); 6: [*Les dernières générations*] (Jérusalem)].

Rosanis, S.

1888 "Istorie pe scurt a Evreilor-Bulgari, în ordine chronologică, după izvoare directe, din cele mai vechi timpuri pînă în 1876" [Brève histoire des Juifs bulgares, en ordre chronologique, d'après des sources directes, de l'antiquité jusqu'au 1876], *Anuar pentru israeliți, cu un supliment calendaristic pe anul 5649 (1888-1889)* 11: 1-52.

Rosenblat, A.

1939 Compte rendu de Entwistle (1936), *Revista de filología hispánica* 1: 383-8.

Rosetti, A. (ed.)

1971 *Actele celui de - al XII - lea Congres internaţional de linguistică şi filologie romanică* 2 (Bucureşti: Editura Academici Republicii Socialiste Romaniă). [contient: Gabinsky (1969), Hassán (1971a), Romero (1971a), Sala (1968b)] .

Roth, C.

1943 "The Marrano press at Ferrara, 1552-1555", *MLR* 38: 307-17.

1956 "The Spanish exiles of 1492 in Italy", in *Hommage* Millàs Vallicrosa (1954-56 2: 293-302).

1959 "The role of Spanish in the Marrano Diaspora", in: *Hispanic studies in honour of I. Gonzáles Llubera* (Ed.: F. Pierce) (Oxford: The Dolphin Book Co.), pp. 299-308.

1962 Compte rendu de Molho (1960), *MLR* 57: 100-1.

Rubiato, M.T.

1965 "El repertorio musical de un sefardí", *Sefarad* 25: 453-63.

1970 "Seis canciones sefardíes", in Hassán (1970b: 559-67).

Sachs, G.E.

1948-49 "Fragmento de un estudio sobre la *Biblia medieval romanceada*", *RomPh* 2: 217-28.

Sala, M.

108

1958   Compte rendu de Saporta y Beja (1957), *SCL* 9: 585-7.

1959   "Algunas observaciones lingüísticas sobre los refranes judeo-españoles de Bucarest", in: *Recueil d'études romanes publié à l'occasion du 9ᵉ Congrès international de linguistique romane à Lisbonne du 31 mars au 3 avril 1959* (Eds.: I. Coteanu – Iorgu Iordan – A. Rosetti – M. Sala) (Bucarest: Editions de l'Academie de la République Populaire Roumaine), pp. 225-41. [republié dans Sala (1970a: 156-90) et dans *Revista de filologie romanică și germanică* 3 (1959): 189-202] [rec.: Wagner (1960)].

1961a   "Observations sur la disparition des langues", *RLing* 6: 185-202. [version roumaine dans *Probleme de lingvistică generală* 3: 107-24; version espagnole dans Sala (1970a: 9-45)].

1961b   Compte rendu de Crews (1960), *SCL* 12: 443-5.

1961c   Compte rendu de Molho (1960), *Revista de filologie romanică și germanică* 5: 142-5.

1962a   "Recherches sur le judéo-espagnol de Bucarest; un problème de méthode", *RLing* 7: 121-40. [version roumaine dans *Fonetică și dialectologie* 4: 269-87; version espagnole dans Sala (1970a: 78-122)].

1962b   "La disparition des langues et la polysémie", *RLing* 7: 289-99. [version roumaine dans *Probleme de lingvistică generală* 4: 147-56; version espagnole dans Sala (1970a: 46-65)].

1962c   "Considérations sur la valeur de la partie initiale des mots", *CLTA* 1: 219-22. [version espagnole dans Sala (1970a: 66-73)].

1962d   Compte rendu de Alvar (1960), *Revista de filologie romanică și germanică* 6: 173-5.

1962-65   "Iudeospaniola", dans: *Crestomație romanică*, întocmită sub conducerea acad. Iorgu Iordan (București: Editura Academiei Republicii Populare Române), 1 (1962) pp.796-9; 2 (1965) pp. 1112-30.

1963   "Factores internos y externos en la fonética judeo-española", *BFUCh* 15: 349-53. [republié dans Sala (1970a: 123-30)].

1965a   "La organización de una norma española en el judeo-español", *AdL* 5: 175-82. [republié dans Sánchez Romeralo – Poulussen (1967: 543-50) et dans Sala (1970a: 131-42); version roumaine: *SCL* 17 (1966): 401-6].

1965b   "La manière dont une langue romane contribue à la disparition d'une autre (à propos du judéo-espagnol de Bucarest)", in Straka (1965: 1373-5). [version espagnole dans Sala (1970a: 74-7)].

1968a   "Elementos balcánicos en el judeo-español", in Quilis (1968: 2151-60). [republié dans Sala (1970a: 143-55); version roumaine: *SCL* 17 (1966): 219-24].

1968b   "Fonologia iudeospaniolei din București", *SCL* 19: 525-52. [republié dans Sala (1971: 163-98); le résumé publié dans Rosetti (1971: 1179-81)].

1970a   *Estudios sobre el judeoespañol de Bucarest* (= *Filosofía y letras* 72) (México: Universidad Nacional Autónoma de México). [contient: Sala (1959, 1961a, 1962a, 1962b, 1962c, 1963, 1965a, 1965b, 1968a)] [cf. Botton Burlá (1971)]

1970b   "Arhaisme și inovații în lexicul spaniolei americane", in: *Studii de hispanistică* (= *Societatea română de lingvistică romanică* 4) (București), pp. 87-93. [version espagnole dans: *Actas del tercer congreso internacional de hispanistas celebrado en Mexico, D.F., del 26 al 31 de agosto de 1968* (Ed.: C.H. Magis) (México: Colegio de México 1970), pp. 779-85].

1971   *Phonétique et phonologie du judéo-espagnol de Bucarest* (= *Janua linguarum, series practica* 142) (The Hague – Paris: Mouton). [cf. Sala (1968b)].

Salomon, H.

1969   " 'The last trial' in Hispanic liturgy", *Annuario di studi ebraici* 1968-69: 51-78. [rec.: Romero (1971b)].

109

Samardžić, R.
1971a "Dubrovački Jevreji u trgovini 16 i 17 veka" [The Jews of Dubrovnik in the trade of the 16th and 17th centuries], dans Samardžić (1971b: 21-39). [résumé anglais].

Samardžić, R. (ed.)
1971b *Studije i graďa o Jevrejima Dubrovnika* [Études et documents sur les Juifs de Dubrovnik] (= *Jevrejski istorijski Muzej - Beograd* 1) (Belgrade: Federation of Jewish Communities in Yugoslavia). [contient: Orlić (1971), Pantić (1971). Popović (1971), Samardžić (1971a), Šundrica (1971), Tadić (1971)].

San Sebastián, P.J.A. de
1945 [S.S.,] *Canciones sefardíes para canto y piano* ([Tolosa]: Gráficas Laborde y Labayen, S.L.).

Sánchez Moguel, A.
1890 "Un romance español en el dialecto de los judíos de Oriente", *Boletín de la Real Academia de la Historia* 16: 497-509.
1907 "Dos romances del Cid conservados en las juderías de Marruecos", *RF* 23: 1087-91.

Sanchez Romeralo, J. - N. Poulussen (ed.)
1967 *Actas del segundo Congreso internacional de hispanistas celebrado en Nijmegen del 20 al 25 de agosto de 1965* (Nimègue: Instituto Español de la Universidad de Nimega). [contient: Besso (1967), Sala (1965a)].

Saporta y Beja, E.
1957 *Refranero sefardí: compendio de refranes, dichos y locuciones típicas de los sefardíes de Salónica y otros sitios de Oriente* (= *Biblioteca hebraicoespañola* 6) (Madrid - Barcelona: Consejo Superior de Investigaciones Científicas, Instituto Arias Montano). [rec.: Correa Calderón (1957)].

Schiby, B.
1970 "Notes sur les Juifs de Thessalonique", in Hassán (1970b: 91-4).

Schwab, M.
1907a "Une homélie judéo-espagnole", *REJuiv* 54: 253-8.
1907b "Version espagnole des alphabets de Ben-Sira", *REJuiv* 54: 107-12.
1916 *Homélies judéo-espagnoles* (= *Notices et extraits des manuscrits de la Bibliothèque Nationale et autres bibliothèques publiés par l'Académie des inscriptions et belles-lettres* 40) (Paris: Imprimerie Nationale).

Sephiha, V.H.
1970 "Bibles judéo-espagnoles: littéralisme et commentateurs", *Iberromania* 2: 56-90.
1971 "Versiones judeo-españolas del libro de Jeremías impresas en Ferrara y Salónica en el siglo 16: influencia de los comentaristas", *Sefarad* 31: 179-84.

Serís, H.
1964 *Bibliografía de la lingüística española* (= *Publicaciones del Instituto Caro y Cuervo* 19) (Bogotá: Imprenta Patriótica del Instituto Caro y Cuervo). ["Judeo-español", pp. 645-62].

Silva Rosa, J. da
1936 "Additions to A. Yaari's 'Catalogue of Judaeo-Spanish books' ", *Kirjath Sepher* (Jerusalem) 13: 131-7. [en hébreu] [cf. Yaari (1934)].

Simon, W.
1920 "Charakteristik des judenspanischen Dialekts von Saloniki", *ZRPh* 50: 655-89.

Šlang, I.
1926 *Jevreji u Beogradu* [Les juifs à Belgrade] (Belgrade: Štamparija M. Karića).

Sola Pool, D. de

110

1965 "The use of Portuguese and Spanish in the historic Shearith Israel congregation in New York", in *Hommage* Benardete (1965: 359-62).

Solá-Solé, T.M.

1966 Compte rendu de Armistead – Silverman (1962b), *HR* 34: 380-1.

Solalinde, A.G.

1929-30 "Los nombres de animales puros e impuros en las traducciones medievales españolas de la Biblia", *MPh* 27: 473-85; 28: 83-98. [rec.: Blondheim (1932)]

Spiegel, I.

1952 *Old Judaeo-Spanish evidence of Old Spanish pronunciation* (= *University microfilms, Ann Arbor, Michigan, doctoral dissertation series* 5558) (Ann Arbor, Mich.).

Spitzer, L.

1921 "Judéo-esp. *meldar*", *RFE* 8: 288-91.

1922 "Das Gerundium als Imperativ im Spaniolischen", *ZRPh* 42: 207-10.

1927 "Jud.-esp. *meldar* 'lire de l'hébreu' ", *RFE* 14: 250.

1946 "Portugese *iguaria*, Judeo-Spanish *yegueria* again", *Lg* 22: 358-9.

1947 "*Desmazalado*", *NRFH* 1: 78-9.

Stankiewicz, E.

1964 "Balkan and Slavic [!] elements in the Judeo-Spanish of Yugoslavia", in *Hommage* Weinreich (1964: 229-36). [version serbo-croate par M. Flajšer Dimić dans *Jevrejski almanah* (Belgrade) 7 (1965-67): 84-91].

Steiger, A.

1951 "Arag. ant. *ayec ayech* '¡cuidado!'; judeo-esp. *hec; i eya velar!*", *RFE* 35: 341-4.

Straka, G. (ed.)

1965 *Actes du 10ᵉ Congrès international de linguistique et philologie romanes, Strasbourg, 1962* (= *Actes et colloques* 4) (Paris: Klincksieck). [contient: Révah (1961a), Sala (1965b)].

Subak, J.

1905 "Das Verbum im Judenspanischen", in: *Bausteine zur romanischen Philologie; Festgabe für Adolfo Mussafia zum 15. Februar 1905* (Halle a.d.S.: Niemeyer), pp. 321-31.

1906a "Zum Judenspanischen", *ZRPh* 30: 129-85.

1906b *Judenspanisches aus Saloniki, mit einem Anhange: Judenspanisches aus Ragusa* (= *Wissenschaftliche Beilage zum 60. Jahresbericht über die Handelssektion der k.k. Handels- und Nautischen Akademie in Triest 1905-1906*) (Triest: Im Selbstverlag der Handelssektion der k.k. Handels- und Nautischen Akademie).

1910 "Vorläufiger Bericht über eine im Auftrag des Balkan-Kommission der kaiserlichen Akademie der Wissenschaften zu Wien unternommene Forschungsreise nach dem Balkanhalbinsel zur schriftlichen und phonographischen Aufnahme des Judenspanischen", *Anzeiger der philosophisch-historischen Klasse der kaiserlichen Akademie der Wissenschaften in Wien* 1910.6: 33-8.

Subirá, J.

1954 "Romances y refranes sefardíes", in *Hommage* Menéndez Pidal (1950-57 5: 319-33).

Šundrica, Z.

1971 "Dubrovački Jevreji i njihova emancipacija (1808-1815)" [The Jews of Dubrovnik and their emancipation (1808-1815)], in Samardžić (1971b: 135-84).

111

[résumé anglais].
Szajkowski, Z.
1964 "Notes on the languages of the Marranos and Sephardim in France", in *Hommage* Weinreich (1964: 237-44).
Tabak, J.
1970 "Nakom izgona iz Španjolske i Portugala, Sefardi u Sredozemlju i na Balkanu po knjizi Angela Pulido Fernándeza" [Après l'expulsion d'Espagne et du Portugal, les Sefardim dans la Méditerranée et sur la Péninsule Balkanique d'après le livre de Angel Pulido Fernández], *Forum: Časopis Odjela za suvremenu književnost Jugoslavenske Akademije Znanosti i Umjetnosti* (Zagreb) 4-5: 853-63.
Tadić, J.
1937 Jevreji u Dubrovniku do polovine 17 stoljeća [les Juifs à Dubrovnik jusqu'a la moitié du 17ᵉ siècle] (Sarajevo: 'La Benevolencia', Jevrejsko kulturnoprosvjetno društvo). [résumé français, pp. 437-58].
1971 "Značaj dubrovačkih Jevreja" [The role of the Jews of Dubrovnik], in Samardžić (1971b: 1-8). [résumé anglais].
Tavani, G.
1960 "Di alcune particolarità morfologiche e sintattiche del giudeo-portogese di Livorno", *BF* 19: 283-8. [rec.: Wagner (1960)].
Thomas, R.
1939 "Huit romances judéo-espagnols", in *Hommage à Ernest Martinenche; études hispaniques et américaines* (Paris: D'Artrey), pp. 282-92.
Umphrey, G.W. – E. Adatto
1936 "Linguistic archaisms of the Seattle Sephardim", *Hispania* 19: 255-64.
Veny Clar, J.
1956-57 Compte rendu de Alvar (1953), *BF* 16: 365-7.
Verd, G.M.S.J.
1971 "Las Biblias romanzadas; criterios de traducción", *Sefarad* 31: 319-51. [notamment "Las Biblias romanzadas sefardíes", pp. 343-51].
Vilar Ramírez, J.B.ᵗᵃ
1968-69 "La judería de Tetuán; desde su restauración en 1489 a la Guerra de África de 1856-1860", *Anales de la Universidad de Murcia, Filosofía y letras* 27: 327-407. [en volume: *La judería de Tetuán (1489-1860) y otros ensayos* (Universidad de Murcia 1969)]. [rec.: F. Cantera (1970), Ortañón de Lope (1971)].
Wagner, M.L.
1909a "Los judíos de Levante; kritischer Rückblick bis 1907", *Revue de dialectologie romane* 1: 470-506.
1909b "Los judíos españoles de Oriente y su lengua; una reseña general", *Bulletin de dialectologie romane* 1: 53-63.
1914 *Beiträge zur Kenntnis des Judenspanischen von Konstantinopel* (= *Kaiserliche Akademie der Wissenschaften, Schriften der Balkankommission, linguistische Abteilung* 11) (Wien: Höfler).
1920a "Judenspanisch-Arabisches", *ZRPh* 40: 543-9.
1920b "Сефарадите и техният езикъ" [Les Sefardim et leur langue], *Aubpu Aцаиp* 2 (mai-juin): 4-5.
1923a "Algunas observaciones generales sobre el judeo-español de Oriente", *RFE* 10: 225-44.
1923b "Ant. esp. *sinoga*; ant. port. *senoga*, *esnoga*; jud.-esp. *esnoga*", *RFE* 10: 398-400.
1924a "Los dialectos judeoespañoles de Karaferia, Kastoria y Brusa", in: *Homenaje a Menéndez Pidal* 2 (Madrid: Imprenta de los sucesores de Hernando), pp.

193-203.
1924b "Das bulgarische Judenspanisch", *ASNSL* 147: 256-7.
1924c "Os Judeus hispano-portugueses e a su língua no Oriente, na Holanda e na Alemanha", *Arquivo de história e bibliografia* 1: 3-18.
1930a *Caracteres generales del judeo-español de Oriente* (= *Revista de filología española, Anejo* 12) (Madrid: Hernando). [rec.: Blondheim (1931), Cirot (1933), Iordan (1934), K. Levy (1931b)].
1930b Compte rendu de K. Levy (1929), *ZRPh* 50: 745-50.
1931 "Zum Judenspanischen von Marokko", *Volkstum und Kultur der Romanen* 4: 221-45.
1936 Compte rendu de Crews (1935), *Volkstum und Kultur der Romanen* 9: 167-71.
1947 "Il giudeo-espagnole", *Le lingue estere* 12.10: 216-7.
1948 "A propósito de judeo-espanhol *ermoyo*", *BF* 9: 349-51.
1950a "Espigueo judeo-español", *RFE* 34: 9-106. [rec.: Crews (1951), Rohlfs (1952)].
1950b "As influências recíprocas entre o português e o judeo-espanhol", *RP* 15: 189-95.
1954a "Calcos lingüísticos en el habla de los sefarditas de Levante", in: *Homenaje a Fritz Krüger* 2 (Mendoza: Universidad Nacional de Cuyo, Facultad de Filosofiá y Letras), pp. 269-81.
1954b "Judenspanisch *fendrís, endrís*", *ZRPh* 70: 269-70.
1954c "Span. *mengano, citano, zutano*, judenspan. *sistrano*, port. *sicrano*", *VR* 14: 286-91.
1956 Compte rendu de Crews (1955-56), *VR* 15.1: 193-6.
1960 Compte rendu de Tavani (1960) et Sala (1959), *VR* 19: 205-7.
1961 "Einige sprachliche Bemerkungen zum Cancionero des Baruh Uziel", *VR* 20: 1-12.
Webber, R.H.
1951-52 "Ramón Menéndez Pidal and the *Romancero*", *RomPh* 5: 15-25.
Wiener, L.
1895-96 "The Ferrara Bible", *MLN* 10: 81-5; 11: 24-42, 84-105.
1903 "Songs of the Spanish Jews in the Balkan peninsula", *Modern philology* 1: 205-16, 259-74.
Wijk, H.L.A. van
1971 "Algunos arabismos semánticos y sintácticos en el español y el portugués", *Norte* 12: 35-46.
Yaari, A.
1934 *Catalogue of Judaeo-Spanish books in the Jewish National and University Library of Jerusalem* (= *Special supplement to "Kirjath Sepher"* 10) (Jérusalem: University Press). [en hébreu] [rec.: Besso (1937a 1937b)].
1936 *Hebrew printing in the East* 1: *Saffed, Damascus, Aleppo, Cairo, Alexandria, Aden* (= *Supplement to "Kirjath Sepher"* 13) (Jerusalem: University Press). [en hébreu].
1958 "Hebrew printing at Izmir", *Areshet; an annual of Hebrew booklore* 1: 97-222. [en hébreu].
1960 *Bibliography of the Passover Haggadah from the earliest printed edition to 1960...* (Jerusalem: Bamberger & Wahrman). [en hébreu].

Yahuda, A.S.
1967 *Hebrew Printing in Constantinople. Its History and Bibliography* (= *Supplement to "Kirjath Sepher"* 42, Jérusalem: The Magne Press) [en hébreu] .
1915 "Contribución al estudio del judeo-español", *RFE* 2: 339-70.
Zamora Vicente, A.
1967 *Dialectología española* 2 (= *Biblioteca románica hispánia* 3. *Manuales* 8) (Madrid: Gredos). [notamment sur le judéo-espagnol, pp. 349-77] [édition première: (1960); sur le judéo-espagnol, pp. 279-305].
Zara, R.
1953 "Romances judéo-espagnole", *Le judaïsme séphardi* (nouvelle série) 1 (mai): 32.

CHRESTOMATHIE ROMANE

Chaque section sera précédée d'une Introduction et d'une Bibliographie; les textes y seront suivis d'un Glossaire.

TOME I (Le latin et les anciens textes romans)

1. *Latin vulgaire*

Textes du IIIe siècle av. J.-C. (premier texte: *Asinaria*, T.M. Plautus) au Xe siècle (dernier texte: *Excerpta ex Glossariis Romanis et Cassinensibus*).

2. *Roumain*

Daco-roumain: Textes du XVIe siècle (premier texte: *Lettre de Neacşu* – 1521) à 1648 (dernier texte: *Noul Testament*, Bălgrad).
Istro-roumain: 1 texte de 1698.
Aroumain: 3-4 textes du XVIIIe siècle (premier texte: *Inscription* de 1731).

3. *Dalmate*

Dialecte ragusain: Textes du XIVe au XVIe siècles.

4. *Italien*

Textes du IXe (premier texte: *Indovinello veronese*) au XVIe siècles (dernier texte: *Tasso*).

5. *Sarde*

Textes du XIe (premier texte: *Acte de donation du juge Torchitorio*) au XVIe siècles (dernier texte: *Gerolamo Araolla*).

6. *Rhéto-roman*

Rhéto-roman oriental (frioulan): Textes du XIIIe (premier texte, 1201) au XVIe siècles.

Rhéto-roman occidental (romanche): Textes du Xe au XVIIe siècles.
Haut et bas engadinois: Textes du XVIe siècle (*Jean Travers*).
Val Mustair: Textes du XVIIe siècle.
Sursilvain: Textes du XVIIe siècle (premier texte: *Bonifaci* et *Calvenzano*).
Surmiran: Textes du XVIIe siècle.

7. *Français*

Textes du IXe (premier texte: *Les Serments de Strasbourg*) au XVIe siècles (dernier texte: *Montaigne*).

8. *Occitan et Gascon*

Textes du IXe (chartes en langue mixte: occitan-latin et gascon-latin) au XVIe siècles.

9. *Catalan*

Textes du XIIe (premier texte: *Homilies d'Organya*) au XVIe siècles (dernier texte: *Vicent Garcia*).

10. *Espagnol*

Espagne: Textes du XIe (premier texte: *Poema de Mío Cid*) au XVIe siècles (dernier texte: *Cervantes*).
Amérique: Textes des XVIe et XVIIe siècles.
Judéo-espagnol: Textes des XVIe et XVIIe siècles.

11. *Portugais*

Portugal: Textes du XIIIe (premier texte: *Noticia do torto*) au XVIe siècles (dernier texte: *Gabriel Soares de Sousa*).
Brésil: Textes des XVIe et XVIIe siècles.
Judéo-portugais: Texte du XVIIe siècle.

TOME II (*textes dialextaux modernes des XIXe et XXe siècles*

1. *Roumain*: daco-roumain (parlers valaques, moldaves, de l'Ouest, du Nord et du centre de la Transylvanie, de Banat), istro-roumain, mégléno-roumain.

2. *Italien*: sicilien, calabrais, campanien, pouilles, roman, abruzzain, ombrien, marche, toscan, corse, emilien-romagnol, ligurien, piémontais, lombard, vénète.

3. *Dalmate*:   vegliote.

4. *Dialectes istro-romans*

5. *Sarde*:   sassarais, logoudorien, campidanien.

6. *Dialectes rhéto-romans:* rhéto-roman oriental (frioulan), rhéto-roman central (Val di Non et Val di Sole, Val Gardena, livinallongais, Cortina d'Ampezzo, Comelico), rhéto-roman occidental (romanche), Val Mustair, bas engadinois, haut engadinois, sursilvain, soussilvain, surmiran, bravuogn.

7. *Français*:   picard, wallon, lorrain, champenois, normand et anglo-normand, poitevin, bourguignon, francien, français du Canada, français de Belgique, français de Suisse, créole français.

8. *Dialectes francoprovençaux:* patois de Vaud, Valais, Genève, Fribourg, Neuchâtel, Jura Bernois, Val d'Aoste.

9. *Dialectes occitans et gascons:* Nord-occitan (limousin, auvergnat, provençal alpin), occitan moyen (languedocien, provençal), gascon.

10. *Catalan*:   parlers de Valence, d'Alicante, des Baléares, et d'Alghero.

11. *Espagnol*:   Espagne (léonais, asturien, parlers de l'Estrémadura, aragonais, murcien, andalou, Îles Canaries), Amérique (Mexique, Panamá, Cuba, Puerto Rico, Colombie, Vénézuéla, Perú, Bolivie, Chili, Argentine, cocoliche), judéo-espagnol, créole espagnol.

12. *Portugais*:   Portugal (galicien, mirandais, rinorais, parlers de Minho, parlers portugais d'Espagne), Brésil, judéo-portugais, créole portugais.